Bernd Imgrund

111 Kölner Orte, die man gesehen haben muss

Band 2

Mit Fotografien von Britta Schmitz

emons:

Bibliografische Information der Deutschen Nationalbibliothek
Die Deutsche Nationalbibliothek verzeichnet diese Publikation
in der Deutschen Nationalbibliografie; detaillierte bibliografische
Daten sind im Internet über http://dnb.d-nb.de abrufbar.

© Emons Verlag GmbH
Alle Rechte vorbehalten
Gestaltung: Designbüro Lübbeke Naumann Thoben
Kartographie: Regine Spohner

Druck und Bindung: CPI – Clausen & Bosse, Leck
Printed in Germany 2022
Erstausgabe 2009
ISBN 978-3-7408-1831-9
Aktualisierte Neuauflage Oktober 2022

Unser Newsletter informiert Sie
regelmäßig über Neues von emons:
Kostenlos bestellen unter
www.emons-verlag.de

Vorwort
111, die Zweite!

Das bedeutet: noch einmal 111 Kölner Orte, von denen man zuvor wenig oder gar nichts gewusst hat. Oder kennen Sie den Immendorfer Heidenberg, den Wasserlehrpfad in Weiler oder das Ensener Amerikakreuz? Haben Sie schon einmal vom Höhenhauser Grinkenschmied gehört, dem letzten Kölner Heinzelmann? Oder vom Winkelturm, jenem zigarrenartigen Weltkriegsbunker in Niehl? Wussten Sie, dass an der Mathias-Brüggen-Straße in Bickendorf Europas womöglich letzter Luftschiffanker lagert? Und dies seit 1909, als Graf Zeppelin höchstpersönlich den Dom überflog? Und schließlich: Wer ahnt schon, was es mit den Poller Milchmädchen auf sich hat, mit der Riehler Zitronenpresse und den Pneuphonikern vom Alter Markt?

All diese Fragen werden auf den folgenden Seiten beantwortet. Wie schon für den ersten Band, so gilt auch hier: Wir haben versucht, jenseits der ausgetretenen Pfade zu wandeln und dort nach versteckten Perlen zu suchen. Fündig geworden sind wir etwa ganz innenstadtnah, am Kaiser-Wilhelm-Ring, wo das weltweit wohl einzige Büdchen-Mosaik in den Boden eingelassen wurde. Oder im Museum Schnütgen, wo Deutschlands älteste Glocke hängt, getauft auf den seltsamen Namen »Saufang«. Und zu entdecken gab es auch einiges an den äußersten Rändern der Stadt, im Japanischen Garten von Flittard etwa, der wie ein Tautropfen an der Grenze zu Leverkusen hängt.

»111 Kölner Orte, die man gesehen haben muss«, Band 2, das sind noch einmal 111 schöne, schräge, schaurige Schauplätze, die den Blick auf diese Stadt erweitern. Die dazu anregen, den nächsten Ausflug einmal nicht zum Decksteiner Weiher, in den Stadtgarten oder auf die Poller Wiesen zu machen. Sondern, sagen wir mal, in das außerordentlich hübsche Naturschutzgebiet am Dünnwalder Hornpottweg.

111 Orte

1 ____ Die Alte Brennerei
   Kölsch und Korn in Widdersdorf | 10

2 ____ Das Amerikakreuz
   Kölns ungewöhnlichster Bildstock | 12

3 ____ Am Hornpottweg
   Fischadler, Flussregenpfeifer und Glanrinder | 14

4 ____ Das Autokino
   Trinken, rauchen, gucken | 16

5 ____ Die Belvederestraße
   Vom Pesche Hüsje zur Schönen Aussicht | 18

6 ____ Der Bierbrunnen
   Wo statt Milch und Honig Kölsch floss | 20

7 ____ Die Bismarcksäule
   Kanzlerkult um 1900 | 22

8 ____ Die Blutsäule
   Gottesurteile in St. Gereon | 24

9 ____ Das Büdchen-Mosaik
   Ein Denkmal für einen Kiosk | 26

10 ____ Der Christophorus
   Gerling, Breker und der Heilige vom Gereonshof | 28

11 ____ Deck 6
   Das Kaufhof-Parkhaus | 30

12 ____ Das Deserteursdenkmal
   Ein preußischer Schießplatz mitten im Wald | 32

13 ____ Der Dicke Herkules
   Ein Drehkran erinnert an die Kölner Docks | 34

14 ____ Das Domdach
   Im Meer der Zinnen | 36

15 ____ Die Drehbrücke
   Jugendstil im Deutzer Hafen | 38

16 ____ Das Drei-Kaiser-Haus
   Ein blaublütiges Trifolium | 40

17 ____ Die Driftblöcke
   Ein Grünstreifen mit Parkverbot | 42

18 ____ Das Duns-Scotus-Portal
   Sechs Tonnen Bronze an der Minoritenkirche | 44

19   Der Düxer Bock
Vom gedemütigten Schneiderlein | 46

20   Das Eifeltor
Deutschlands Güterverkehrszentrum Nummer 1 | 48

21   Die Eisenbahnersiedlung
Eine Gartenstadt in Gremberghoven | 50

22   Die Eistüte
Pop-Art am Neumarkt | 52

23   Die entweihte Kirche
Ein Gottes- als Wohnhaus | 54

24   Der E-Raum
Mitten im Studentenleben | 56

25   Die Erdmutter
St. Maria im Kapitol und seine Madonna | 58

26   Die FC-Kirche
Hier die Schäfchen, dort der Geißbock | 60

27   Der Felsengarten
Eine verwunschene Schlucht am Fort VI | 62

28   Die Flossis
Bunte Riesen in Zollstock | 64

29   Der gefälschte Monet
Im Labor des Wallraf-Richartz-Museums | 66

30   Die Godorfer Wahrzeichen
Vom Laubenhaus zur alten Mühle | 68

31   Gondeln überm Fluss
Die Kabinen der Rheinseilbahn | 70

32   Das Grab des Albertus
Ein mittelalterlicher Star-Philosoph | 72

33   Der Grinkenschmied
Wo der letzte Heinzelmann haust | 74

34   Die Grinköpfe
Von Schandmasken und Flaschenzügen | 76

35   Das Haus X1
Kölns ungewöhnlichster Wohnbau | 78

36   Der Heidenberg
Ein Hügel am Ur-Rhein | 80

37   Die Hochwassermarken
Andenken an die Katastrophe von 1784 | 82

38   Die Isenburg
Ein Rittergut in Holweide | 84

39   Das Jan-Wellem-Denkmal
Ein Zeichen Mülheimer Stolzes | 86

40   Der Japanische Garten
Wo Leverkusen nach Köln hineinwächst | 88

41   Das Jupp-Schmitz-Plätzchen
Ein Denkmal für den »Schnäuzer« | 90

42   Das Karnevalsmuseum
Eine närrische Zeitreise | 92

43   Das Kleine Galiläa
Eine Kanzel für Georg Fritze | 94

44   Der Klimperkasten
Kölns musealste Kneipe | 96

45   Der Kölsche Boor
Ein Landwirt als Stadtheld | 98

46   Die Kopflinden-Alleen
Ein Idyll am Sürther Mönchshof | 100

47   Krokodil & Co.
Die Fähren zwischen Zündorf und Weiß | 102

48   Die Kundenhalle
Große Raumwirkung in der Kreissparkasse | 104

49   Das Kunstfeld
Kölns einsamste Siedlung | 106

50   Das leuchtende Pumpwerk
Moderner Hochwasserschutz in Bayenthal | 108

51   Das Liebespaar
Küsschen in der Göttersiedlung | 110

52   Die Lövenicher Höfe
Haus Közal, Odems-, Keuch- und Mertenshof | 112

53   Das Löwenhof-Relief
Gryns Kampf mit dem Untier | 114

54   Der Luftschiffanker
Kleines Relikt – große Geschichte | 116

55   Der Lysolphturm
Eine römische Insel im Stadtverkehr | 118

56   Die Magistrale
Schiefe Bahn im Deutzer Rathaus | 120

57   Die Malzdarre
Biergerste aus Ehrenfeld | 122

58   Die Marx-Plakette
Ein revolutionäres Andenken am Heumarkt | 124

59 — Die Meilensteine
Preußische Zeugnisse in Ostheim und Höningen | 126

60 — Das Milchmädchen
Poller Geschichte am Efeuplatz | 128

61 — Die Millionenallee
... und das Denkmal des Hänneschen-Gründers | 130

62 — Der müde Funk
Vom schlafenden Stadtsoldaten an der Ulrepforte | 132

63 — Die neogotischen Arbeiterhäuser
Backstein an der Schulze-Delitzsch-Straße | 134

64 — Das Niehler Dömchen
Alt St. Katharina und das Fischerdorf | 136

65 — Das Notariatsportal
Denkmal für ein unbekanntes Haus | 138

66 — Der Nüssenberger Busch
Ältester Laubwald im Linksrheinischen | 140

67 — Der Ölhafen
Naturschutz, Autos und Kraft-Wärme-Kopplung | 142

68 — Der Optische Telegraph
Ein Flittarder Nachrichtensender | 144

69 — Das Overstolzenhaus
Patrizier und Postmoderne | 146

70 — Der Pariser Platz
Die Faszination des Scheiterns | 148

71 — Der Pegelturm
Eine Litfaßsäule mit Schwimmkörper | 150

72 — Die Photographische Sammlung
Kunst im Mediapark | 152

73 — Der Platzjabbeck
Symbol großspurigen Selbstbewusstseins | 154

74 — Die Pumpensäule
Sauberes Trinkwasser am Reischplatz | 156

75 — Die Querschneise II
Planespotting in der Wahner Heide | 158

76 — Das Reissdorf-Pärchen
Er trinkt ..., sie trinkt ... | 160

77 — Die Rheingarten-Skulptur
Klettern, sitzen, gucken, baden | 162

78 — Die Rheinterrasse von St. Georg
Baldachin, Altar und Schifferleuchte | 164

79   Das Riehler Bad
Im Schatten des Axa-Hochhauses | 166

80   Die Römische Wasserleitung
Ein Bruchstück im Rechtsrheinischen | 168

81   Der Ruhende Verkehr
Ein einbetonierter Opel Kapitän am Hohenzollernring | 170

82   Der Saufang
Die älteste Glocke Deutschlands | 172

83   Der Schellenknecht
Großer Hut und Kniebundhose | 174

84   Das Schiffswrack
Die Überreste des Kleinen Kreuzers Cöln | 176

85   Das Schlachtendenkmal
Eine rote Stele in Worringen | 178

86   Schloss Arff
Die Maison de Plaisance am Chorbusch | 180

87   Das schmalste Haus
Ein Flur als Wohnung | 182

88   Die Schnüsse-Tring-Statue
Ein Brunnen-Denkmal für eine Dienstmagd | 184

89   Die Schwarze Mutter Gottes
Marienkult an der Schwalbengasse | 186

90   Der Siegfried
Ein seltsamer Held in der Salzgasse | 188

91   Die Simultanhalle
Stadtbekannte Wellen in Volkhoven | 190

92   Der Skulpturenpark
Kunst im Grünen | 192

93   Das Stadtmodell
Köln en miniature | 194

94   Stadtpatron Marsilius
Vom Marsilstein zum Gürzenich | 196

95   Standortmitte
Wo Deutschlands erste Autobahnstrecke begann | 198

96   Die Stegerwaldsiedlung
Kölns erste Trabantenstadt | 200

97   Das Straßenbahnmuseum
Von der Päädsbahn bis heute | 202

98   Der Stüttgenhof
Ländliches Idyll am Waldesrand | 204

99	Das Südstadt-Museum
	2.000 Jahre Geschichte in der Holzhandlung	206

100   Der Van-Dyck-Salon
Kaffee vor »The Kitchen« | 208

101   Die vermauerte Tür
Als St. Aposteln noch am Stadtrand lag | 210

102   Der vertikale Parkplatz
Eine Brandwand zwischen Messe und Kunst | 212

103   Der Vorgebirgspark
Ein Garten-Kleinod in Zollstock | 214

104   Der Waldlehrpfad
Sehen, riechen, fühlen | 216

105   Der Wasserlehrpfad
Waldesbrummen in Weiler | 218

106   Der Wassermannpark
Ein Vogelsanger »Triotop« | 220

107   Der Wasserturm
… in dem nie Wasser war | 222

108   Der Weiße Mönch
Ein Bildstock und seine Geschichte | 224

109   Der Winkel-Turm
Betonzigarre, Zuckerhut und Ameisenhügel | 226

110   Der Woensam-Prospekt
Eine Augenreise im Stadtmuseum | 228

111   Die Zitronenpresse
Kölns erste moderne Kirche | 230

Stadtplan | 232

Übersichtsplan | 236

1 Die Alte Brennerei
Kölsch und Korn in Widdersdorf

Ein wichtiger Name in Widdersdorf ist der der Familie Sester. Auf dem Dorffriedhof begraben liegt ein Herr Anton Sester (1850–1886), ehemals Besitzer einer landwirtschaftlichen Kornbrennerei. Antons Eltern, auch das belegen die Annalen, führten eine Widdersdorfer Wirtschaft. Und aus dieser Familie ging bald jener Hermann Sester hervor, der hier 1902 die Sester-Brauerei gründete. Die noch heute vorhandenen Brauereigebäude stammen aus dem Jahr 1904, wie eine Inschrift auf dem hohen Schornstein ausweist. Der mit gelblich hellen Backsteinen vom rotbraunen Ensemble abgesetzte Turm diente jedoch lediglich bis 1917 der Bierherstellung. Sester wanderte nach Ehrenfeld ab, und an der Hauptstraße wurde fortan der »Widdersdorfer Korn« gebrannt. Die Geschichte des Destillats endete erst 1994, und vier Jahre später begann man damit, die Brennerei in Wohnraum umzuwandeln. Dank behutsamer Vorgehensweise ist das Baudenkmal samt Schornstein, viergeschossigem Kesselhaus und weiteren Bauten dabei weitestgehend erhalten geblieben.

Historische Kulissen bieten sich dem Auge auch in den angrenzenden Straßen, der Blau- und der Turmgasse. Hier sowie rund um die Kirche herum zeigt das durch zahlreiche Reihenhaussiedlungen enorm gewachsene Widdersdorf sein altes, dörfliches Gesicht. Unter der lauschigen Adresse »An den Kastanien« gelangt man zum ebenfalls gut erhaltenen Mertenshof, der im Mittelalter zum Kölner Dominikanerinnenkloster St. Gertrud gehörte. Die Pächter solcher Höfe genossen im Dorf hohes Ansehen.

Auf einen Ort mit viel historischer Patina stößt schließlich, wer von der Hauptstraße aus der Neuen Sandkaul bis zum Weg Auf der Aspel folgt. An der Ecke dieser beiden Straßen nämlich steht ein von kreisrund angepflanzten Bäumen geschütztes Kreuz. Es segnet den berühmten Jakobsweg, der von Köln aus über Widdersdorf weiter nach Aachen verläuft.

Adresse Hauptstraße 14 | ÖPNV Bahn 3 bis Haltestelle Bocklemünd, dann Bus 962 bis Haltestelle Brennerei | Tipp Hier an der westlichen Stadtgrenze lohnt sich ein Abstecher nach Brauweiler zur geschichtsträchtigen Abtei des Ortes.

2 Das Amerikakreuz
Kölns ungewöhnlichster Bildstock

Der Ensener Marktplatz macht äußerlich nicht viel her. Ringsum säumen schmucklose Geschäfte und Nachkriegsbauten das Karree, und zudem wird das Gelände als Parkplatz genutzt. Versteckt unter einem Baum, zwischen Gestrüpp und eingefriedet durch einen schmiedeeisernen Zaun, findet sich hier jedoch Kölns wohl ungewöhnlichster Bildstock.

Formal erinnert dieses Sandsteingebilde an eine Zinne des Doms. Neogotische Türmchen wachsen rings um den Gekreuzigten aus dem Sockel. Und das Kölner Wahrzeichen wird ihm wohl auch im Sinn gewesen sein, dem Auswanderer Balthasar Schmitz. Die Eltern des Ensener Tischlergesellen betrieben hier am Markt einen Hof. Mitte des 19. Jahrhunderts verließ Balthasar die Heimat in Richtung Amerika, er landete in Houston/Texas. Dort erwarb er ein Stück Land, auf dem er unter anderem Wein anbaute. Den Kontakt zur in Ensen verbliebenen Familie ließ er jedoch nie abreißen. Davon zeugen nicht nur zahlreiche Briefe, sondern eben auch jenes Wegekreuz, das er dem Dorf 1869 stiftete. Vermutlich wird er noch in Deutschland erlebt haben, dass es seit 1842 nach über dreihundertjährigem Stillstand weiterging mit dem Dombau. Ein Jahr vor seiner Kreuzstiftung war im Übrigen auch jener Kran auf dem unvollendeten Südturm abgebaut worden, der über Jahrhunderte die Stadtsilhouette geprägt hatte.

Ensen gehörte seinerzeit zur preußischen Rheinprovinz, bevor es 1929 dem Amt Porz und bald darauf dem Rheinisch-Bergischen Kreis zugeschlagen wurde. Man vermutet, dass der Name Ensen aus dem Keltischen stammt und so viel wie »fließendes Wasser« bedeutet. Immerhin liegt der kleine Ort leicht erhöht direkt am Rhein. Sein in die Neue Welt gezogener Sohn mit dem urkölschen Namen versah die Sockeltafel seiner Schenkung mit dem folgenden Spruch: »Errichtet den 7ten August 1869 von Balthasar Schmitz in America, geboren zu Ensen.«

Adresse Am Markt | **ÖPNV** Bahn 7, Haltestelle Gilgaustraße | **Tipp** Ein Wegekreuz von um 1920 findet sich an der Ecke Gilgau- und Kölner Straße. Aufgestellt wurde es von keinem Auswanderer, sondern von der damals noch selbstständigen Stadt Porz.

3   Am Hornpottweg
Fischadler, Flussregenpfeifer und Glanrinder

Zugegeben, hierbei handelte es sich früher einmal um eine ganz normale Kiesgrube. Aber der Anblick, den sie heutzutage bietet, ist in Köln absolut einmalig. Da wäre zunächst einmal diese Böschung, die so steil abfällt, dass dem ein oder anderen Spaziergänger der Magen zwickt. Bis zu zwanzig Meter geht es hier teilweise hinunter, und angesichts der Grundwasserseen dort unten möchte man beinahe von Klippen sprechen.

    Die Wasserflächen, das ganze innere Areal des Naturschutzgebietes, sind der nächste Höhepunkt. Des Morgens steigt hier der Nebel auf wie in einem dramatischen Spielfilm, und er enthüllt eine wildromantische Landschaft. Je nach Pegel des Rheins und nach den Niederschlagsmengen der letzten Tage schwankt der Wasserstand enorm. Mal erblickt man hier mehrere verschieden große Tümpel, mal eine durchgehende Seenplatte mit einigen herausragenden Inseln. Die größtenteils unüberwindlichen Abhänge sorgen im Biotop Hornpottweg für genügend Sicherheit vor den Menschen, um auch seltenen Tieren das Rasten, Jagen oder Brüten zu ermöglichen. Von den über zweihundert hier bislang gesichteten Vogelarten stehen rund die Hälfte auf der Roten Liste des Landes Nordrhein-Westfalen, darunter etwa der Fischadler, der im Frühjahr und Herbst in Dünnwald Station macht. Zu den hiesigen Brutvögeln zählen unter anderem der Flussregenpfeifer, der Kiebitz und die Dorngrasmücke.

    Das Schutzgebiet gedeiht unter der Obhut von Naturschützern. Um ein komplettes Zuwachsen zu verhindern, wird es behutsam beschnitten. Einen Teil der Arbeit übernehmen allerdings von Frühjahr bis Herbst schottische Gallowayrinder. Zuvor hatten ab 1994 einheimische Glanrinder hier für Ordnung gesorgt. Die heute rare Art war noch bis in die 1950er Jahre dominierend auf den Wiesen von Hunsrück und Eifel. Auch die Galloways sind robust genug, um hier dauerhaft im Freien zu leben.

Adresse Zwischen Berliner Straße und Hornpottweg | **ÖPNV** Bahn 4, Haltestelle Schlebusch | **Tipp** Wer Glanrinder und sonstige Tiere studieren möchte, dem sei die Mitnahme eines Fernglases empfohlen. Immer wieder bieten über der Böschung angelegte Balkone beste Sicht.

4   Das Autokino
Trinken, rauchen, gucken

Am 18. August 1967 schrieb das »Hamburger Abendblatt« euphorisch: »Heute wird das nach Frankfurt und Berlin dritte Autokino in Deutschland in Porz bei Köln eröffnet. Es ist mit 1.218 Parkplätzen sogar das größte. Die Kinobesucher bleiben in ihren Wagen sitzen, können rauchen und den in die Autos angehängten Lautsprecher leise oder laut einstellen. Außerdem werden auf Wunsch Getränke serviert.«

Das Porzer Autokino galt sogar, das behaupten andere Quellen, seinerzeit als das größte in ganz Europa. Die Alte Welt war mit der Einrichtung von Drive-in-Cinemas einem Trend gefolgt, der in den USA seit den 1950er Jahren grassierte. Über 4.000 Autokinos zählte man dort bereits, wachsende Mobilität und die im Vergleich zu herkömmlichen Sälen größere Privatsphäre förderten den Boom. In diesem Zusammenhang taufte man die letzte Wagenreihe schnell auf einen vielsagenden Namen: die »love lane«.

An den Ausmaßen hat sich in Porz bis heute nicht viel geändert. Rund 1.100 Wagen finden laut Betreiber auf dem Areal Platz, aufgereiht vor einer 540 Quadratmeter (15 mal 36 Meter) großen Leinwand. Während in den Anfangsjahren noch externe Lautsprecher in den Wagen gehängt wurden, empfängt man heutzutage den Sound über das eigene Autoradio – in Dolby-Stereo auf UKW. Als Alternative zum defekten oder klangarmen Autoradio kann auch die eigene Soundmaschine mitgebracht werden. Die richtige Frequenz flimmert jeweils vorher über die gigantische Leinwand, wie man hier überhaupt auf alles vorbereitet ist: Für den Hunger gibt's eine Snackbar, für die schwächelnde Batterie eine Starthilfe und für die kalten Füße einen Heizlüfter. Wie in der Anfangszeit ist das Porzer Autokino auch heutzutage wieder eines von nur wenigen. Der Boom ist längst abgeflaut, und nach zahlreichen Schließungen gehört die Institution heute neben der in Essen-Bergeborbeck zu den beiden letzten ihrer Art in NRW.

Adresse Rudolf-Diesel-Straße 36 | www.autokino-koeln.de | **ÖPNV** Bahn 7, Haltestelle Porz/Steinstraße | **Öffnungszeiten** Kinoprogramm s. Website | **Tipp** Auf dem Gelände werden auch Trödel- und Gebrauchtautomärkte abgehalten.

5 Die Belvederestraße
Vom Pesche Hüsje zur Schönen Aussicht

Die Belvederestraße zieht sich parallel zum Militärring durch das östliche Müngersdorf. Weil der Stadtteil auf einer alten Rheinterrasse liegt, geht es dabei gen Nordwesten stetig bergauf. Wer einen Eindruck vom früheren – durchweg dörflichen – Leben des Vorortes gewinnen möchte, ist hier bestens aufgehoben.

Der Reigen historischer Gebäude beginnt an der Ecke zur Wendelinstraße mit dem Marienhof. Das einstige Herrenhaus von 1792 wurde in den 1980ern aufwendig saniert. Deutlich schlechter bestellt ist es hingegen um das links daneben gelegene Haus Fenger-Schöngen. Das in Fachwerk und Backstein errichtete Gebäude gehörte im 19. Jahrhundert zu einem der vielen Klein- und Kleinstgehöfte der Gegend.

Landwirtschaft in größerem Stil betrieb hingegen der Petershof an der Belvederestraße 19. Die geschlossene Hofanlage von 1896 hat mittelalterliche Wurzeln, die erste Erwähnung stammt aus dem Jahr 1262. Auf das älteste Haus des Ortes stößt man ein paar Meter weiter an der Ecke zur Herrigergasse. Das »Pesche Hüsje« (Nummer 39), ein Fachwerkbau wie aus dem Bilderbuch, stammt aus dem frühen 19. Jahrhundert. Es gibt ein gutes Beispiel für die bescheidenen Unterkünfte der einfachen Landarbeiter jener Zeit. Und wer hier der Herrigergasse hinunter zum Alten Militärring folgt, befindet sich auf der wahrscheinlich steilsten Straße von ganz Köln.

Im weiteren Verlauf passiert man unter anderem das Haus Nummer 46, dessen Türsturz ein ausgewachsener Grinkopf ziert (zu Grinköpfen siehe auch Seite 76). Ganz oben angekommen gelangt man schließlich zu jenem Ort, der der Straße seinen Namen gab. Direkt über den Bahngleisen thront hier das Haus Belvedere, und warum es »Zur Schönen Aussicht« heißt, verrät ein Schwenk nach Osten: Hier hat man einen weiten Blick auf das tiefer gelegene Köln. Das klassizistische Gebäude von 1839 diente seinerzeit als Endhaltestelle der Strecke Bahnhof Thürmchenswall–Müngersdorf.

Adresse Belvederestraße | **ÖPNV** Bahn 1, Haltestelle Alter Militärring; Bus 141, 143, Haltestelle Wendelinstraße | **Tipp** Über die 2010 eingeweihte Belvederebrücke gelangt man nach Vogelsang und zum Wassermannpark (siehe auch Seite 220).

6 Der Bierbrunnen
Wo statt Milch und Honig Kölsch floss

Neun steinerne Sitze umrunden den Bierbrunnen, und wer sich hier niederlässt, blickt in schmunzelnde Touristengesichter: Allzu eindeutig ist die Assoziation, die sich mit der Form dieses feuchten Obelisken verbindet.

Andererseits gibt es jedoch durchaus Interpreten, die hier ein besonders lang gestrecktes, spiralig verdrehtes Kölschglas erkennen wollen. Die These ist äußerst gewagt und hält näherer Betrachtung nicht stand. Aber dass es irgendwie um Bier geht, legt ja bereits der Name des Objektes nahe. Die schlanke Betonstele wurde nämlich als Reminiszenz an die Zunft der Bierbrauer errichtet, die just auf der Schildergasse über Jahrhunderte ihren Sitz hatte. 1496 erwarb sie das weiter Richtung Neumarkt gelegene Haus Mirweiler, das noch bis ins Jahr 1928 Bestand hatte.

Der 1972 aufgestellte Brunnen hingegen steht ein paar Meter weiter, an einem historisch ebenfalls höchst bedeutsamen Ort. Wo heute Schildergasse und Hohe Straße aufeinanderstoßen, lag einst das Forum der Römerstadt. Hier mündeten die antike Nord-Süd- und Ost-West-Achse in den zentralen Markt- und Versammlungsplatz der Colonia Claudia Ara Agrippinensium. Unter beiden Straßen wurden zahlreiche Spuren dieser zweitausendjährigen Geschichte als Verkaufsmeile gefunden.

Bereits ab dem 12. Jahrhundert können die für die Benennung der Straße maßgeblichen Wappenmaler nachgewiesen werden. Seit der ersten Hälfte des 13. Jahrhunderts kursierte der Name »versus scildirgazin«, aus dem sich dann über die folgenden Jahrhunderte die Bezeichnung »Schildergasse« schälte. Der von einer Brauerei gestiftete Brunnen an ihrem Ostende wurde von dem Metallbildhauer Josef Jaekel (1907–1985) und seinen Studenten der Kölner Werkschulen gestaltet. Und um der Historie Rechnung zu tragen, floss bei seiner Einweihung nicht wie heute bloßes Wasser aus der Düse, sondern – Kölsch.

Adresse Schildergasse, Ecke Hohe Straße | **ÖPNV** Bahn 1, 7, 9, Bus 132, 133, jeweils Haltestelle Heumarkt | **Tipp** Das ehemalige Zunfthaus der Brauer stand auf der Höhe der heutigen Nummer 96, siehe die ins Pflaster eingelassene Gedenkplatte.

7 Die Bismarcksäule
Kanzlerkult um 1900

Das erste deutsche Bismarckdenkmal stand am Augustinerplatz nahe dem Heumarkt. Dass es ausgerechnet im katholisch-antipreußischen Köln errichtet wurde, hängt nicht zuletzt mit einem protestantischen Racheakt zusammen. Im Jahr 1714 waren die Vorfahren des Industriellen Christoph Andreae (siehe auch Seite 86) mit allen anderen Protestanten aus Köln vertrieben worden. Die Familie siedelte nach Mülheim über. Als Andreae den Kölnern 1876 dann 20.000 Mark zur Aufstellung einer Bismarckstatue vermachte, konnte man im Stadtrat nicht Nein sagen.

Das bronzene Denkmal ist seit Ende des Zweiten Weltkriegs verschollen, wurde aber bereits 1903 durch einen weitaus monumentaleren Bau getoppt: die 27 Meter hohe Bismarcksäule am Ende des Bayenthalgürtels. Vorausgegangen war dem eine groß angelegte Spendensammlung, den Hauptanteil hatte diesmal der Schokoladenfabrikant Stollwerck beigesteuert.

Wer sich den nachgedunkelten Steinkoloss heutzutage ansieht, wird unwillkürlich an die Heldenstatuen der Nazis erinnert; auch die gigantischen Ritter des Leipziger Völkerschlachtdenkmals kommen einem in den Sinn. Das Pathos, die Wucht dieser in Stein gemeißelten Anbetung ist in modernen Augen vor allem eines: albern. Damals jedoch war Köln erfasst von einer Welle, die die Entlassung des alten Reichskanzlers im Jahr 1890 ausgelöst hatte. Der Bismarckkult war zugleich ein Ausdruck des Protestes gegen den wenig geliebten Kaiser Wilhelm II. Und so schossen um 1900 überall im Land Bismarckdenkmäler aus dem Boden, vergleichbar nur mit den zahllosen Standbildern für den ebenfalls als Legende verehrten Kaiser Wilhelm I.

Die Kölner Bismarcksäule wies jedoch früh einen Makel auf: Die Feuerschale oben auf dem Turm entwickelte kaum Flammen, dafür jedoch Unmengen Qualm. Schon 1907 wurden deshalb Leitungen verlegt, die den Bismarckbrand fürderhin mit Gas speisten.

Adresse Ecke Bayenthalgürtel und Gustav-Heinemann-Ufer | **ÖPNV** Bahn 16, Haltestelle Oberländer Ufer | **Tipp** An den Rampen der Hohenzollernbrücke finden sich die Standbilder jener Kaiser, unter denen Bismarck diente: linksrheinisch Wilhelm II., rechtsrheinisch Wilhelm I.

8   Die Blutsäule
Gottesurteile in St. Gereon

Eine sorgsam ausgearbeitete Nische im Eingangsbereich von St. Gereon und darin: ein spätantikes Relikt. Nüchtern betrachtet handelt es sich hier um nichts anderes als eine oben abgebrochene Säule. Im Mittelalter jedoch ging von dieser eine furchteinflößende Faszination aus. Der Stumpf galt als einzigartig, man war sich einig, dass diese »schreckliche Säule weder in Rom noch in Jerusalem ihresgleichen hat«.

Den Weg hinter das Geheimnis weist die lateinische Tafel-Inschrift, die da übersetzt lautet: »Glaub es: Rein an diesem Stein soll einst das Blut geflossen sein. Sollt ich schuldig sein, so ist hier die Strafe mein.« Der Spruch rekurriert auf den Ruf der Säule als Stätte für Gottesurteile. Wer einer Todsünde angeklagt vor sie hintrat, dem sollte sie ewige Verdammnis oder vollständige Rehabilitation bringen. Wie sie zu diesem hehren Ansehen gekommen ist, darüber existieren zwei Versionen. Die erste besagt – sehr naheliegend –, dass an dieser Stelle der heilige Gereon mit seinen thebäischen Truppen niedergemetzelt worden sei. Dabei sei die Säule mit dem Blut der christlichen Märtyrer bespritzt worden. Die zweite Deutung ist noch beeindruckender, geht sie doch davon aus, dass an genau dieser Säule Jesus gegeißelt wurde. St. Helena, Gründerin der ersten Kirche an diesem Ort, habe den solchermaßen geheiligten Pilaster sodann nach Köln gebracht.

Bis in die Neuzeit hinein entwickelte sich die Blut- oder Schreckenssäule, wie sie auch genannt wurde, zu einem Wallfahrtsort. 1794 erregte sie sogar das Interesse der französischen Besatzung, die sie als Beute- und Ausstellungsstück nach Paris schaffen lassen wollte. Auf der Reise dorthin zerbrach sie allerdings und wurde als nunmehr wertlos am Straßenrand zurückgelassen. Der untere Teil immerhin diente zunächst als Grenzstein und fand 1925 seinen Weg zurück nach St. Gereon, um fortan wieder Wahrheit und Lüge, Schuld und Unschuld sauber zu trennen.

Adresse Gereonsdriesch | www.stgereon.de | **ÖPNV** Bahn 12, 15, Haltestelle Christophstraße/Mediapark | **Öffnungszeiten** Mo–Sa 10–18, So 12.30–18 Uhr | **Tipp** Am Nordende des Gereonsdriesch liegt ein seitlich weggerollter, monumentaler Männerkopf. Die Granitarbeit erinnert ebenfalls an den heiligen Gereon.

9 Das Büdchen-Mosaik
Ein Denkmal für einen Kiosk

Büdchen, Kiosk, Trinkhalle – wie auch immer man sie nennt, diese kleinen, vollgestopften Geschäftsräume, sie sind aus dem Kölner Stadtbild nicht wegzudenken. Längst haben sie ihren großen Vorteil gegenüber Supermärkten, die langen Öffnungszeiten nämlich, verloren. Aber das kölsche Büdchen fungiert nicht zuletzt als sozialer Raum. Hier kennt man den Besitzer noch mit Namen, und wer morgens beim Zeitungskauf schon die Zähne auseinander bekommt, findet Gelegenheit zu einem frühen Schwätzchen.

Einer der berühmtesten und langlebigsten Kioske stand an der Ecke Kaiser-Wilhelm-Ring und Hermann-Becker-Straße. Der Inhaber, Heinrich Reintges, hatte ihn 1950 eigenhändig gebaut. Über vierzig Jahre lang verkaufte er dort Zeitungen, Getränke und Süßwaren, bevor sein kultiges Ladenlokal in den 1990ern einer Umbaumaßnahme weichen musste. 1997 wurde der inzwischen leerstehende und heruntergekommene Holzverschlag schließlich abgerissen.

Für den Erhalt dieser Nachkriegs-Institution hatte sich unter anderem der Künstler Martin Mlecko eingesetzt. Das Scheitern vor Augen, sah er sich mithilfe einiger Architekturfreunde nach einem geneigten Sponsor um. Das Projekt nahm Formen an, und es entstand – wohl weltweit einzigartig – ein Büdchen-Denkmal. Um der Stadtverwaltung nicht in die Quere zu kommen, entschied sich Mlecko für ein lediglich zweidimensionales Objekt in Form eines Bodenmosaiks. Die Scherben aus venezianischem Glas imitieren den dunkelgrünen Anstrich der einstigen Bretterbude und begrenzen exakt ihre Grundfläche.

Heutzutage fließt hier der endlose Verkehr der Kölner Ringe, und über die Hermann-Becker-Straße bahnen sich die Menschenmassen ihren Weg zum Mediapark. Die ins Pflaster eingelassenen Scherben bemerken sicherlich die wenigsten, zumal die Inschrift am Rande des Mosaiks recht klein ausgefallen ist.

Adresse Ecke Kaiser-Wilhelm-Ring und Hermann-Becker-Straße | **ÖPNV** Bahn 12, 15, Haltestelle Christophstraße/Mediapark | **Tipp** Von der Nachkriegszeit in die Gegenwart gelangt man über die Hermann-Becker-Straße. Die Planungen zum Mediapark bedeuteten zugleich den Anfang vom Ende des legendären Büdchens.

10   Der Christophorus
Gerling, Breker und der Heilige vom Gereonshof

Der Christophorus der christlichen Überlieferung war ein beschränkter, zugleich vermessener Hüne. Sich seiner geringen geistigen Kompetenz bewusst, sah er sich nicht als Herrscher, sondern als Diener. Als Diener des größten Herrschers wohlgemerkt! Und nachdem ihm niemand auf Erden groß genug erschien, riet man ihm zu Gott. Christophorus wurde also Fährmann und trug eines Tages einen gen Flussmitte immer schwerer werdenden Knaben auf den Schultern. Und dies war, wie könnte es anders sein, das Jesuskind, der kommende Heiland, der selbst die ganze Welt zu schultern hatte.

Dieses Motiv des tragenden Christophorus wählte Arno Breker zur Verzierung des westlichen Gerlingflügels, rechts vom Haupteingang. Der Gebäudekomplex der Versicherung im Friesenviertel hatte schon kurz nach seiner Fertigstellung in den 1950ern einen wenig schmeichelhaften Spitznamen weg: Wegen seiner monumentalen Optik und der Nazi-Verstrickungen der beteiligten Architekten sprach man in Köln von der »Kleinen Reichskanzlei«. Einer der Baumeister war ebenjener Arno Breker, bekannt für seine Hitlerbüste von 1938 und für in Stein gemeißelte germanische Helden. Auch der Christophorus am Gereonshof hätte aus seiner Hand leicht zu einem siegfriedhaften Muskelprotz werden können, aber Breker nahm sich zurück. Der Schutzpatron aller Reisenden kommt hier ganz im Gegenteil sehr schlank daher. Wir sehen einen sehnigen Dauerläufer, der seinen Schützling geradezu zärtlich auf dem Oberarm trägt, eine Hand schützend über dem kleinen Kopf. Das besagte Jesuskind sitzt denn auch dementsprechend entspannt dort oben, und die goldene Weltkugel in seinen Händen scheint weniger eine Last denn ein willkommenes Spielgerät. Die Dynamik, die diese Bronze dennoch ausstrahlt, rührt vor allem von jenem im Wind flatternden Tuch her, das sich faltenreich um Christophorus' Hüfte und hinauf zum Nacken schwingt.

Adresse Gereonshof | **ÖPNV** Bahn 3, 4, 5, 12, 15, Haltestelle Friesenplatz | **Tipp** Eine Kuriosität ist die Darstellung der Heiligen Drei Könige direkt gegenüber dem Christophorus. Ihre Hände sind nämlich leer, dem Jesuskind werden weder Weihrauch und Myrrhe noch Gold dargeboten.

11   Deck 6
Das Kaufhof-Parkhaus

Parkhäuser gelten gemeinhin als reine Funktionsbauten. Dass auch sie architektonisch interessant sein können, beweist der 1950er-Jahre-Bau an der Cäcilienstraße.

Das Kaufhof-Parkhaus sollte man auf keinen Fall von innen, von den Verkaufsräumen aus, betreten. Wer einigermaßen fit auf den Beinen ist, entere es stattdessen über die kleine Straße An St. Agatha und folge dem Schild »Aufgang Parkhaus«, denn hier zeigt sich das Gebäude in seiner ganzen Schönheit. Wer den Kopf in den Nacken legt, dem bietet sich zunächst einmal die grandiose Aussicht auf die himmelstürmende, lichtdurchflutete Kuppel. Die kreisrunden Aussparungen dort oben erinnern an einen Sternenhimmel. Sodann streift der Blick an den Wänden entlang, wo sich die An- und Abfahrtsrampen als regelmäßige Serpentinen in die Höhe schrauben.

Genau unter der Kuppel schließlich wächst auch das zylindrische, komplett verglaste Treppenhaus aus dem Boden. Über 125 Stufen gelangt man direkt unter das Dach. Ein kleiner Schwenk nach rechts führt sodann auf Deck 6, das höchste, im Freien liegende Stockwerk des Parkhauses. Tagsüber herrscht hier kaum Betrieb, die weite Asphaltebene scheint ganz dem Ausflügler zu gehören. Aber Beschaulichkeit will sich in solch einem urbanen Ambiente natürlich nicht einstellen, dafür ist auch das Panorama hier viel zu spektakulär. Nach Osten die Kranhäuser, die Rheinbrücken und der KölnTriangle, gen Norden die ganze Breitseite des Doms. Im Westen wiederum lohnt sich ein Blick auf das Weltstadthaus des Renzo Piano, das von hier oben gar nichts mehr von einem Ei hat, sondern sich wie ein riesiger Pottwal über 130 Meter zieht. Die Antoniterkirche wirkt daneben wie eine kleine, alte Sardelle.

Ganz neue Eindrücke bekommt man zudem von der Schildergasse, auf die man steil heruntenschaut. Römerstatuen über den Dächern der Einkaufsmeile? – Hier sieht man sie zum ersten Mal.

Adresse Ecke Cäcilienstraße und An St. Agatha | **ÖPNV** Bahn 1, 7, 9, Bus 132, 133, jeweils Haltestelle Heumarkt | **Öffnungszeiten** Mo–Sa 7–20.30 Uhr | **Tipp** Auf dem Oberdeck des Aral-Parkhauses etwas weiter östlich öffnet an schönen Sommertagen ein Beach-Club mit Sand, Cocktails und Liegestühlen.

12 Das Deserteursdenkmal
Ein preußischer Schießplatz mitten im Wald

Diese Wälle mitten im Wald lassen an einen präparierten Cross-Parcours denken. Aber sie sind weitaus älter als die BMX-Szene, und es ging hier auch nicht um Fahrrad-, sondern um Schießkünste. 1887 war es, da die Preußen hier, südöstlich von Dünnwald, einen Schießplatz anlegten. Um ihre Soldaten vor Querschlägern zu schützen, häufte man zwischen den bis zu 600 Meter langen Schussbahnen Wälle auf. Eine abschließende Backsteinmauer diente als Kugelfang.

Nach dem Ersten Weltkrieg wurde es dann zunächst einmal ruhig im Wald. Im Zuge der deutschen Entmilitarisierung musste auch der Schießplatz stillgelegt werden. 1936 jedoch nahmen die Nationalsozialisten den Faden wieder auf. Erneut entstand in Dünnwald ein militärischer Übungsplatz, der auch nach dem Krieg und bis in die 1970er Jahre hinein unterhalten wurde – von belgischen Streitkräften, der Bundeswehr und der Polizei.

All dies wäre heute kaum der Rede wert, wenn sich hier nicht unter der Nazi-Herrschaft üble Verbrechen abgespielt hätten. Denn in Dünnwald wurde nicht nur schießen geübt, sondern auch erschossen. Recherchen des Kölner NS-Dokumentationszentrums brachten ans Licht, dass der versteckte Waldort als Hinrichtungsstätte für Deserteure genutzt worden war. Zwischen 1940 und 1943 ermordete man hier mehr als 20 »Fahnenflüchtige«, die man anschließend auf dem Westfriedhof verscharrte. Ab 2007 diskutierte man in Köln über ein städtisches Deserteursdenkmal. Weil Dünnwald zu weit ab vom Zentrum liegt, entschied man sich schließlich für den Appellhofplatz als Standort. 2019 dann wurde auch am ehemaligen Schießplatz eine Gedenkstele enthüllt. Das Zitat darauf stammt von Ludwig Baumann (1921–2018). 1942 war er wegen Desertion zunächst zum Tode verurteilt und dann einem Strafbataillon zugeteilt worden. Es lautet: »Was kann man Besseres tun als den Krieg verraten.« Ohne Fragezeichen!

Adresse Gegenüber dem Parkplatz am Kalkweg (zwischen Diepeschrather Straße und Mauspfad) folgt man etwa 250 Meter dem dortigen Waldweg | **ÖPNV** Bus 154, Haltestelle Kalkweg | **In der Umgebung** Der Wald bietet sich für eine Wanderung an. Unweit nördlich des Denkmals gelangt man zum Dünnwalder Wildpark und dem Waldbad Dünnwald.

13 — Der Dicke Herkules
Ein Drehkran erinnert an die Kölner Docks

Bänke, Bäumchen, Binnenschiffe – das Kap am Südkai ist heutzutage ein Idyll für Spaziergänger. Früher begannen hier die Aufbauten der Agrippinawerft, der Kölner Docks in der Südstadt. Entlang dem Ufer erinnern noch einige Verladekräne an diese vergangene Zeit, deren ältester der Dicke Herkules genannt wird.

Gebaut wurde dieses Hafendenkmal 1897 von der Firma Stuckenholz aus Wetter an der Ruhr. Ein Jahr später feierte Köln die Eröffnung des Rheinauhafens, dessen Anlage durch den von der Dampfschifffahrt und den Eisenbahnen ausgelösten Handelsboom nötig geworden war. In seinen ersten Jahren bedurfte es zur Inbetriebname des Dicken Herkules einer Crew von sechs starken Männern – der Drehkran wurde zunächst mit reiner Muskelkraft bewegt. Erst um 1906 herum erhielt er seine elektrische Ausrüstung, mit der er im Rheinauhafen übrigens ein Novum darstellte. Die anderen Hafenkräne und Aufzüge wurden nämlich mit Druckwasserleitungen angetrieben, deren Pumpanlagen im sogenannten Krafthaus neben dem Hafenamt lagen.

Damals wie heute präsentiert sich der Herkules mit einer gemauerten Basis aus unbegradigten Steinen, die an die historische Stadtmauer erinnern. Über eine recht steile Metallleiter stieg man ins komplett aus Holz gefertigte Führerhaus. Gen Süden hin ist dort ein Schild angebracht, das schwarz auf weiß die maximale Hebelast des Krans ausweist: 30.000 Kilogramm. Gut bemessen, mag man im Nachhinein denken, denn im November 1924 sollte der Dicke Herkules wegen dem Dicken Pitter aufs Äußerste gefordert werden. Mit anderthalbjähriger Verspätung (wegen der französischen Besetzung des Ruhrgebiets) traf damals nämlich die Petersglocke in Köln ein. Vierundzwanzig Tonnen wog das im thüringischen Apolda gegossene Ungetüm, aber Herkules machte seinem Namen alle Ehre und hievte es ohne Umstände in die Höhe. Unter feierlichem Geläut seiner Artgenossen gelangte der Dicke Pitter sodann zum Dom.

Adresse Maria-Clementine-Martin-Platz, Rheinauhafen | **ÖPNV** Bahn 15, 16, Haltestelle Ubierring | **Öffnungszeiten** Der Kran ist nur von außen zu besichtigen. | **Tipp** Gen Norden finden sich noch einige weitere Kräne des alten Hafens, bevor man zu den Kranhäusern gelangt, den Wahrzeichen der neuen Architektur am Strom.

14 Das Domdach
Im Meer der Zinnen

Man sollte auf jeden Fall schwindelfrei sein, wenn man das Dach des Doms besteigen will. Erste flaue Gefühle könnten nämlich bereits im Fahrstuhl entstehen, der die Besucher auf die Plattform in 45 Metern Höhe bringt. Der Aufzug, der an sich den Arbeitern und Restauratoren vorbehalten ist, ruckelt und rappelt gewaltig. Und auch das Gerüst aus Hohlstangen, an dem er aufgehängt ist, fördert nicht gerade das Vertrauen.

Oben angelangt, wird man jedoch mit atemberaubenden Ausblicken belohnt. Dabei sind es nicht nur die schier endlos weit reichenden Kölnpanoramen in alle vier Himmelsrichtungen, die betören. Viel eindrucksvoller noch ist das Gefühl, hier mitten im Meer jener Bögen und Streben und Zinnen zu stehen, die man vom Erdboden aus für unerreichbar hielt. Plötzlich werden sogar Kleinigkeiten sichtbar: die abgebrochene Spitze eines Türmchens, der gerade erneuerte Wasserspeier und die Pflanze, die sich dank eines angewehten Häufchens Erde in irgendeiner entlegenen Ritze festgesetzt hat.

Extrem enge Pfade führen am Langhaus vorbei und um die Querhäuser herum, immer an der Brüstung entlang, hinter deren Aussparungen der Abgrund gähnt. Betritt man schließlich das Innere der Kathedrale, wird deutlich, dass sie in zwei gänzlich verschiedenen Bauphasen entstand – jener mittelalterlichen, die im 16. Jahrhundert abbrach, und der des 19. Jahrhunderts, die 1880 zur Vollendung des Bauwerks führte. Der Dachstuhl, in dem man hier steht, wurde nicht aus Holz gefertigt, wie das vor fünfhundert Jahren noch der Fall gewesen wäre, sondern aus Stahl und Blei.

Letzter Höhepunkt einer Domdach-Führung ist die Besteigung des aus den 1960er Jahren stammenden Vierungsturms mit seinen modernen Engelsfiguren. Oben auf dem Balkon erreicht man den höchsten Punkt des Ausflugs, der sich nur wenige Meter unterhalb der gegenüberliegenden Aussichtsplattform im Südturm befindet.

Adresse Domkloster | www.domfuehrungen-koeln.de/Dach | ÖPNV Bahn 5, 16, 18, Bus 132, jeweils Haltestelle Dom/Hbf. | Öffnungszeiten Nur im Rahmen von Führungen, siehe Website. | Tipp Es ist reizvoll, jene von oben begangenen Deckengewölbe noch einmal im Dom-Innern zu betrachten.

15 Die Drehbrücke
Jugendstil im Deutzer Hafen

Jahrhundertelang war es den Deutzern und Pollern verboten, einen eigenen Hafen zu bauen, denn da war der mächtige Konkurrent auf der anderen Rheinseite vor. Erst die Eingemeindung nach Köln im Jahr 1888 schuf die Voraussetzung für den Anschluss der Schäl Sick ans Wassernetz. Zur Anlage des Hafens wurde der Schnellert gewählt, eine Deutzer Landzunge, die ein natürliches Becken umschloss. Weil jedoch zunächst über tausend private Parzellen enteignet werden mussten, verzögerte sich der Baubeginn bis 1904. Drei Jahre später entstand dann jene pittoreske Drehbrücke, auch heute noch ein Blickfang für alle Spaziergänger auf den Poller Wiesen.

Das namenlose Bauwerk trennt die beiden Bassins des Hafens, dessen südliches mit neun Hektar dreimal so groß ist wie das nördliche. Bei ihrer Einweihung kam die Brücke hochmodern daher: Wollen Schiffe passieren, wird sie hydraulisch aus ihrer Ruhestellung gehoben, um sodann mittels eines Elektromotors in Position zu schwenken. Das ansprechende Äußere der genieteten Gitterträgerkonstruktion wird gekrönt durch das aufgesetzte Steuerhaus. Verstärkt wird der Eindruck noch durch die das östliche Ufer flankierenden Laternen mit ihrer Jugendstilornamentik.

Wie eh und je verbindet die Deutzer Drehbrücke das »Festland« mit dem Ausflugsareal der Poller Wiesen, die allerdings erst in den 1920er Jahren zur öffentlichen Grünfläche wurden. Ursprünglich sollte hier vor allem die Alfred-Schütte-Allee an die Siegburger Straße angebunden werden, um den Industriebetrieben am westlichen Rand des seinerzeit neuen Hafens ihre Transportfahrten zu erleichtern. Wie der Rheinau- wird auch der Deutzer Hafen in absehbarer Zeit in ein Wohnviertel verwandelt – am Fluss zu leben hat einen ganz eigenen Reiz. Die hübsche Drehbrücke jedoch wird uns erhalten bleiben und an die alten Zeiten des Hafens erinnern.

Adresse Deutzer Hafen | **ÖPNV** Bahn 7, Haltestelle Drehbrücke | **Tipp** Ein Spaziergang über die Severinsbrücke führt zur wenig älteren Drehbrücke am Rheinauhafen.

16 Das Drei-Kaiser-Haus
Ein blaublütiges Trifolium

Eine kaiserliche Avenue ist sie nicht gerade, die Berliner Straße in Mülheim. Hier geht es eher bodenständig zu. Kleine Geschäfte, Kioske und Spielhallen bestimmen das Bild, und auf dem Marktplatz vor dem Kulturbunker wird hin und wieder Trödel verkauft. Aber wenn man den Blick einmal vom Parterre der Ladenzeilen nach oben lenkt, entdeckt man zuweilen Erstaunliches. So etwa an der Fassade des Hauses Berliner Straße 46, die von einem höchst ungewöhnlichen Trifolium geschmückt wird.

Erbaut wurde das Gebäude im Jahr 1888, und mit dieser Information gelangt man schon zur Lösung des bildhauerischen Rätsels. 1888 ging nämlich als das sogenannte »Drei-Kaiser-Jahr« in die Historie ein, auf das man sich alsbald sogar einen eigenen Reim machte: »Eins und dreimal acht: Drei Kaiser an der Macht.« Nachdem Wilhelm I. am 9. März im Alter von neunzig Jahren gestorben war, krönte man seinen Sohn als Friedrich III. zum Deutschen Kaiser. Dieser jedoch litt unter Kehlkopfkrebs und blieb nur 99 Tage im Amt, bevor er am 15. Juni starb. Noch am selben Tag folgte ihm Friedrich Wilhelm, sein ältester Sohn, auf den Thron. Als Wilhelm II. wurde er der dritte kaiserliche Regent binnen dreier Monate. Erinnert sei auch an den zweiten Spruch, der sich mit diesen drei Herren verbindet: »Wilhelm I. war der greise Kaiser, Friedrich III. der weise Kaiser und Wilhelm II. der Reisekaiser.« Auch in Preußen hatte die Autoritätshörigkeit offenbar ihre Grenzen.

An die denkwürdigen Ereignisse jenes Jahres knüpfte man bei der Mülheimer Fassadengestaltung an. Jeder der drei Fensterstürze über der Hofeinfahrt wird von einem der Monarchen bewacht, chronologisch sortiert von unten nach oben. Besonders gut getroffen ist Wilhelm II. im Obergeschoss: Eitel und borniert, also so, wie ihn seine Zeitgenossen beschrieben, blickt er über die Mülheimer Dächer hinweg. Wer ihn jedoch genauer in Augenschein nehmen möchte, sollte ein Fernglas zur Hand haben.

Adresse Berliner Straße 46 | **ÖPNV** Bahn 4, Haltestelle Von-Sparr-Straße | **Tipp** Die dem Haus gegenüberliegende Schützenhofstraße glänzt durch eine ununterbrochene Reihe fein renovierter Altbauten.

17   Die Driftblöcke
Ein Grünstreifen mit Parkverbot

Es gibt verschiedene Möglichkeiten, Autofahrer am Wildparken zu hindern. Am kleinen Mohlenweg in Langel hat man sich für die Blockade durch Felsbrocken entschieden. Und um der praktischen Seite einen nützlichen Bildungshintergrund zu unterlegen, handelt es sich hier nicht um x-beliebige Steine. Sondern um Driftblöcke.

Die hier in Linie aufgereihten Steine haben eine weite Reise hinter sich, und deren Geschichte begann vor vielen tausend Jahren. Und wie so vieles in Köln hängt sie mit dem Rhein zusammen. In den Kaltphasen der Vorzeit war der Fluss das komplette Winterhalbjahr über zugefroren. Das galt nicht nur für die obere Wasserlinie, sondern auch für den Sohlenbereich. Setzte schließlich Tauwetter ein, zerbrach das Eis. Es bildeten sich zum Teil riesige Schollen, die gigantische Kräfte entwickelten. Wenn sie sich vom Grund des Rheins lösten, rissen sie dort das Gestein auseinander. Auf diese Art wurden auch größere Blöcke isoliert und von den Fluten mit fortgespült. Je härter das Gestein, desto weniger Volumen ging verloren auf der von zahllosen Zusammenstößen begleiteten Jagd. Die in Langel ausgestellten Basalte etwa stammen aus den Vulkanregionen von Eifel und Westerwald. Von noch viel weiter her hat es demgegenüber den roten Sandstein nach Köln verschlagen. Er war ursprünglich Teil des Süddeutschen Schichtstufenlandes östlich des Oberrheins, zwischen Odenwald und Alpenvorland. Sie entstanden vor rund 250 Millionen Jahren in der Unteren Trias.

Wiederentdeckt wurden die Driftblöcke beim Aushub von Kiesgruben in Köln und Umgebung. Auch der Braunkohletagebauch förderte einiges zutage. Die Steinreihe bildet heutzutage eine Station des Wassererlebnispfades, der sich über 25 Kilometer von Pulheim zum Rhein streckt (www.erlebnispfad.com). Kaum hundert Meter sind es auf dem Mohlenweg. Und dennoch fühlt man sich wie in einem kleinen Freilichtmuseum.

Adresse Mohlenweg 2 | **ÖPNV** Bus 121, Haltestelle Langel Mohlenweg | **In der Umgebung** Der Mohlenweg führt zum nahen Rhein, dem für die hiesigen Driftblöcke verantwortlichen Transportmeister.

18_Das Duns-Scotus-Portal
Sechs Tonnen Bronze an der Minoritenkirche

Johannes Duns Scotus wurde um 1265 in Schottland geboren. Der bald europaweit berühmte Philosoph und Theologe erhielt einen Lehrstuhl an der Universität Oxford, bevor er sich um 1304 nach Paris wandte. Sein Beiname »Doctor subtilis« spielt auf Duns' ausgeprägten Kritizismus an. In theologischen Diskussionen legte er sich mit allen Größen des Mittelalters von Thomas von Aquin bis zu Bernhard von Clairvaux an. Von weitreichender Bedeutung für die Philosophiegeschichte war sein Gedanke, dass der Wille bedeutender für die Glückseligkeit des Menschen sei als die Vernunft.

Johannes gelangte erst kurz vor seinem Tod im Jahr 1308 nach Köln, aber hier liegt er seither auch begraben. Sein reich verzierter steinerner Sarkophag im nördlichen Seitenschiff der Minoritenkirche stammt von 1956. Am 21. März 2006 wiederum wurden jene beiden prachtvollen Portale eingeweiht, durch die man das Gotteshaus seitdem betritt. Sechs Zentner Bronze verarbeiteten der Kölner Kunstschmied Paul Nagel und seine Mitarbeiter für den rund vier Meter hohen und ebenso breiten Doppeleingang. Die Arbeit an der Spezialkonstruktion zog sich über ein volles Jahr.

Der rechte Bereich ist Adolph Kolping gewidmet, zu erkennen an dem von Lot, Zirkel, Bleistift und Papier gebildeten Türgriff. Kolping steht für die Gründung handwerklicher Gesellenvereine. Vom linken Eingang blickt hingegen Duns Scotus herab, der hier in der typischen Pose des Gelehrten abgebildet wurde: schreibend, mit sinnendem Blick. Neben ihm steht die Jungfrau Maria, der die Kirche geweiht ist. Nicht zuletzt dank seiner – von heute aus betrachtet kruden – Ausführungen zur Unbefleckten Empfängnis wurde Duns Scotus von Johannes Paul II. seliggesprochen. Maria hält eine Rose in der Hand, ein Motiv, das weiter unten durch einen entsprechenden Strauß wiederaufgegriffen wird. Der Türknauf schließlich hat hier die Form einer Jakobsmuschel – ebenso zu finden im Papstwappen als Hinweis auf das ewige Pilgerleben des Christenmenschen.

Adresse Kolpingplatz | **ÖPNV** Bahn 3, 4, 5, 16, 18, Haltestelle Appellhofplatz | **Öffnungszeiten** Mo–So 8–18 Uhr | **Tipp** Eine weitere Duns-Scotus-Abbildung findet sich am von Ewald Mataré geschaffenen Südportal des Kölner Doms. Bei den links abgebildeten sieben Reliefs symbolisiert Duns den Verstand.

19   Der Düxer Bock
Vom gedemütigten Schneiderlein

Er hat nichts mit dem FC zu tun, dieser Geißbock von der Schäl Sick. Kein Maskottchen ist er, sondern Erinnerung an einen ganz profanen Streit unter Nachbarn. Einst soll hier ein Schneider gewohnt haben, der für ein paar Pfennig mehr Singvögel züchtete und diese in Käfigen vor seinem Fenster ausstellte. Das frühe Gepiepe soll jedoch einen gegenüber wohnenden Steuereintreiber gestört haben, der morgens gern länger schlief. Dieser, so erzählt man sich, sei nach so end- wie fruchtlosen Streitereien schließlich auf eine perfide Idee verfallen: Analog zu den Volieren steckte er einen Ziegenbock in einen Käfig an seiner Hauswand. Dessen Gemecker habe er durch karge Fütterung verstärkt, und der Spott – hier wird die Geschichte ein bisschen undurchsichtig –, der Spott sei voll und ganz auf den Schneider gefallen. Fortan habe man ihn allerorten nur noch den Schneider Meck-Meck-Meck gerufen.

Mit dieser Aktion überschlugen sich die Ereignisse, es kam zum Final Countdown. Zuerst verliebt sich des Schneiders Tochter (Gertrud) in den Sohn des Steuereintreibers (Fritz). Dann stirbt der arme Geißbock, wird jedoch stekum durch einen steinernen ersetzt, der den Schneider weiterhin dem Hohn seiner Mitbürger preisgibt. Er verspricht, sein Federvieh zu entfernen, aber es ist zu spät, sein Nachbar bleibt bockig. Ergo verlässt der zutiefst gedemütigte Schneider die Stadt.

Natürlich darf die Geschichte hier nicht enden. Viele Jahre später, man hat es sich schon gedacht, kehrt die Schneiderstochter zurück. Inzwischen zu etwas Geld gekommen, ersteigert sie des verstorbenen Steuereintreibers Haus und heiratet ihre Jugendliebe.

Und was die Realität betrifft: 1963 wird hier jener gusseiserne Bock aufgestellt, der bis heute an diese Begebenheit erinnert. Geschaffen hat ihn der berühmte Kölner Bildhauer Gerhard Marcks, der damit zu seinen Anfängen, den frühen Tierstudien im Berliner Zoo, zurückkehrte.

Adresse Am Düxer Bock, Ecke Lorenzstraße und Gotenring | **ÖPNV** Bahn 3, 4, Haltestelle Suevenstraße | **Tipp** Weitere Skulpturen von Marcks finden sich etwa in der Straße Am Hof (Gaea) und vor dem Hauptgebäude der Universität (Albertus Magnus).

20 Das Eifeltor
Deutschlands Güterverkehrszentrum Nummer 1

Der Name klingt geradezu poetisch – Eifeltor! Das Tor zur Eifel, zu jenem sagenumwobenen Mittelgebirge, das Köln im Süden und Westen umfasst. Aber ganz so idyllisch geht es hier am Güterbahnhof denn doch nicht zu. Im Gegenteil! Denn was als Erstes ins Auge fällt, sind jene gigantischen Schienenfahrzeuge, die auch einen entsprechend langatmigen Namen tragen: Containerumschlagkranbrücken. Mehrere Exemplare dieser stählernen Monster mit 41 Tonnen Tragkraft fahren auf den Umschlaggleisen vor und zurück, und dies selbstverständlich rund um die Uhr. Fünfzig Züge, das entspricht 1.000 Lkw, werden täglich mit bis zu 1.400 Containern beladen beziehungsweise davon befreit. Mit seinen rund 400.000 Umschlägen pro Jahr wickelt das Eifeltor 20 Prozent des deutschen Kombiverkehrs (also des Schienen-Straßen-Verkehrs) ab. Rund sechs Quadratkilometer Fläche stehen dafür zwischen Klettenberg und Hürth-Kalscheuren zur Verfügung, von denen 80.000 Quadratmeter als Lagerstätten genutzt werden. Mit diesen Werten und Ausmaßen ist der Kölner Umschlagplatz der mit Abstand größte von ganz Deutschland und europaweit an dritter Stelle.

Seine bedeutendste Erweiterung erfuhr das Eifeltor im Jahr 1969. Damals wurde dem bis dato reinen Güterbahnhof ein erster Container-Terminal angegliedert. Lange Zeit mussten die Lkw die zeitraubende Strecke über die Luxemburger Straße und den Militärring nehmen, um ihre Bestimmung zu erreichen. Die Einrichtung einer eigenen Abfahrt an der A4 erleichterte die Anreise dann allerdings enorm.

Gut und gerne könnte man das Eifel- auch Europator nennen, steht es doch in logistischem Kontakt zu zahlreichen Ländern. Jeweils mehrere Züge täglich verlassen den Kölner Süden etwa gen Spanien, Italien und Schweiz. Der Rest steuert vor allem die deutschen Seehäfen und den in Rotterdam an. Dominant sind dabei Unternehmen der Papier, Chemie- und Autoindustrie.

Adresse Am Eifeltor | **ÖPNV** Bus 138, Haltestelle Güterverkehrszentrum | **Tipp** Wem es nach etwas Natur ist, der besuche den so idyllischen wie nahe gelegenen Kalscheurer Weiher (siehe auch »111 Kölner Orte«, Band 1).

21 Die Eisenbahnersiedlung
Eine Gartenstadt in Gremberghoven

Eisenbahnersiedlungen entstanden ab der zweiten Hälfte des 19. Jahrhunderts. Knotenpunkte mit zum Teil mehreren Bahnhöfen verlangten nach einer Vielzahl von Arbeitern und sonstigen Bediensteten, die den Betrieb in Wechselschicht aufrechterhielten. Die vor diesem Hintergrund entstandenen Siedlungen ähnelten insofern den Arbeiterkolonien in der Nähe großer Industriebetriebe oder Bergwerke.

Der besondere Reiz der Gremberghovener Straßenzüge geht nicht zuletzt von ihrer versteckten Lage zwischen Bahntrassen, Schnellstraße und Autobahn aus. Schon 1921 zur Einweihung schrieb eine Porzer Zeitung: »Kaum beachtet von der Umwelt, verdeckt durch hohe Bahndämme, war sie (die Siedlung, B. I.) in wenigen Monden aus der Erde gewachsen.« Bis heute besticht das Viertel auch durch seine optische Homogenität. Wer durch die Hohenstaufen- oder Breitenbachstraße flaniert, fühlt sich um ein Jahrhundert zurückversetzt. Verklinkerte Fassaden scheinen hier glücklicherweise genauso unbekannt zu sein wie farbige Dachziegel. Zudem stören weder bunte Werbetafeln noch moderne Läden diesen altertümlichen Gesamteindruck.

Der leitende Architekt Hanns Martin Kießling (1879–1944) war ab 1908 Regierungsbaumeister der Kölner Reichsbahndirektion, ab 1918 deren Hochbaudezernent. Als Vorbild diente ihm und seinen Mitarbeitern die sozialreformerische Idee der Gartenstadt. Ein Aspekt: Gerade in industriell belasteten Gebieten sollten die genossenschaftlichen Arbeitersiedlungen mit großen Gärten versehen werden, um die weitgehende Selbstversorgung der Bewohner zu ermöglichen. Ursprünglich sollte der neue Flecken Ensen-Ost heißen, so hatte es der Porzer Gemeinderat bereits entschieden. Im Jahr 1922 jedoch revidierte man den Beschluss zugunsten jenes Namens, den die ersten Siedler ihrer neuen Heimat gegeben hatten: Gremberghoven.

Adresse Zwischen Rather Straße und Steinstraße | **ÖPNV** Bahn 7, Haltestelle Steinstraße; Bus 152, Haltestelle Cheruskerstraße | **Tipp** Einen imposanten Eindruck von der Bedeutung des Bahnhofs Gremberghoven bekommt man auf der Rather Straße, die in kurzem Abstand von sechs breiten Eisenbahntrassen überquert wird.

22 Die Eistüte
Pop-Art am Neumarkt

Die Ingenieure waren extra aus Köln angereist, um ihr Plazet zu geben. Danach ging es für die Eistüte per Lkw in die Bucht von San Francisco und aufs Schiff. Durch den Panama-Kanal, über den Atlantischen Ozean und schließlich den Rhein hinauf fand das »Dropped Cone« seinen Weg zum Neumarkt.

Das war im März 2001, und nicht jeder Betrachter war glücklich mit diesem Neuankömmling. Die Eistüte des Pop-Art-Künstlers Claes Oldenburg sorgte für heftige Diskussionen: War das nun Kunst oder Kitsch, Konsumkritik oder Kokolores?

Im Zusammenhang mit Oldenburg-Kunstwerken ist man diese Fragen gewohnt. Über Jahrzehnte fertigte er Vergrößerungen von Alltagsgegenständen, seien es Lippenstifte, Hamburger oder Wäscheklammern. Und wie diese, so erregt auch sein Kölner Objekt bis heute Aufsehen, nicht nur wegen seiner exponierten Lage an der Neumarkt-Galerie. Zehn Meter ragt das drei Tonnen schwere Hörnchen über das Dach hinaus, drei Millionen DM wurden dafür aufgewandt. Hergestellt wurde es aus Urethanschaum und Fiberglas, aber auch Holz und Stahl kamen zum Einsatz. Was die Farbe betraf, entschied man sich für Vanilleeis als wohl typischste Geschmacksrichtung dieser Süßware. Und um den Eindruck zu erwecken, die gestürzte Tüte sei gerade erst vom Himmel gefallen, ist das Eis nur an den Rändern leicht geschmolzen. Cremig weiß läuft es von dort die Fassade hinab. Die Portion wurde übrigens nicht vom Eislöffel zu Kugeln geformt, sondern – dies als frei interpretierbares Detail am Rande – ganz altmodisch aufgespachtelt.

Die aufragende Spitze des Hörnchens soll, so Oldenburgs Kollegin und Ehefrau Coosje van Bruggen, bewusst an die Kölner Skyline erinnern. Die beiden hatten sich Postkarten und Souvenirs schicken lassen und daraufhin entschieden, dass Köln eine Stadt der Kirchtürme sei. Um das Ganze noch stärker in Domnähe zu rücken, waren ursprünglich sogar zwei Eistüten geplant gewesen.

Adresse Neumarkt-Galerie | **ÖPNV** Bahn 1, 3, 4, 7, 9, 16, 18, Haltestelle Neumarkt | **Tipp** Wer sich eingehender mit der Pop-Art beschäftigen möchte, der sollte vom Neumarkt zum Museum Ludwig aufbrechen, einer der weltweit ersten Adressen für diese Kunstrichtung.

23 Die entweihte Kirche
Ein Gottes- als Wohnhaus

Das Leben der Rondorfer Kirche Heilige Drei Könige war ein kurzes, jedenfalls als Gotteshaus. Jahrhundertelang pilgerten die Rondorfer ins benachbarte Immendorf zur Messe, zur Pfarre erhoben wurde Rondorf erst 1919. Eine kleine Kapelle von 1899 erlangte zwar 1957 durch den Bau eines Turmes den Kirchenstatus, aber schon 1987 wurde das Gebäude entweiht. Der Architekt Rolf Link erwarb es für sich und seine Familie.

Aus der neugotischen Saalkirche wurde für rund drei Millionen DM ein extravagantes Wohn- und Bürohaus. Der häusliche Alltag wird heutzutage im 10 mal 10 Meter großen Turm verbracht, in dem vier Maisonette-Wohnungen entstanden. Die so schmalen wie hohen Fenster fügen sich in die vorgegebene Vertikale des Turms und sorgen zugleich für ausreichendes Licht im Innern. Das 2015 zwangsversteigerte Kirchenschiff hingegen dient als Atelier, Veranstaltungs- und Ausstellungsraum, während in der Nähe des alten Taufbeckens inzwischen ein Swimmingpool steht.

Bei der Gestaltung kam dem Architekten nicht zuletzt seine Erfahrung im Kirchenbau zugute. Jahrzehntelang war Link zum Beispiel für das Kölner Erzbistum tätig, unter anderem mit der Renovierung von St. Joseph in Rodenkirchen und von St. Maria Königin in Marienburg.

Einen sehr beschaulichen Eindruck vermittelt der schräg gegenüberliegende Dorfplatz der Gemeinde. Auf der kleinen Wiese stehen unter anderem ein Felsenbrunnen mit umlaufender Steinrinne und ein efeuumranktes Kriegerdenkmal. Aus dem Jahr 1846 stammt das fast vier Meter hohe Dorfkreuz, das ursprünglich in die alte Schulmauer eingelassen war. Die ehemalige Rondorfer Haupt- ist heute zu einer ruhigen Seitenstraße geworden. Wer hier den Blick schweifen lässt, der stößt auf bäuerliche Fachwerk- und Backsteinhäuser. Besonders auffällig: das winzige Gebäude Pastoratsstraße 6, vielleicht 3,50 Meter breit und keine fünf Meter hoch.

Adresse Rondorfer Hauptstraße 45 | **ÖPNV** Bus 131, 132, 135, Haltestelle Rondorf | **Öffnungszeiten** Die Kirche ist in Privatbesitz und nur von außen zu besichtigen. | **Tipp** Ein netter Spaziergang führt auf der Rondorfer Hauptstraße nach Immendorf zu den dortigen Kiesgruben und dem Heidenberg (siehe auch Seite 80).

24 Der E-Raum
Mitten im Studentenleben

Der Erfrischungsraum, kurz E-Raum genannt, liegt im Untergeschoss des Hauptgebäudes der Kölner Universität. Nach der Grundsteinlegung am 26. Oktober 1929 folgte im November 1934 die Einweihung des Bauwerks. Es steht in einer über sechshundertjährigen Tradition, immerhin war Köln 1388 Standort der vierten Universität des Heiligen Römischen Reiches. Den geistigen Grundstein hatte im Jahre 1248 Albertus Magnus mit der Einrichtung der Generalstudien des Dominikanerordens gelegt (siehe auch Seite 72).

Wer heute hier eintritt und einen der seitlichen Treppenabgänge nimmt, landet hingegen ganz in der Gegenwart. Hinter Glas verkünden Anschläge die Vorlesungen und Seminare des Semesters, und Tausende von festgepappten Zetteln werben für WG-Zimmer, Nachhilfeunterricht oder Yogakurse. Ganz am Ende des Ganges findet sich der E-Raum, für dessen Unterhalt das Kölner Studentenwerk verantwortlich ist. Bei der letzten umfassenden Renovierung wurde der siebzig Jahre alte Boden herausgerissen und durch Parkett ersetzt. Zusammen mit dem gedämpft gelben Anstrich und dem Lampenmeer an der Decke sorgt der Holzton für einige ruhige Akzente, für einen Kontrapunkt zum studentischen Gewimmel rundherum. An den Tischen werden vornehmlich kleine Mahlzeiten – Brötchen, Salate, Pizzastücke – eingenommen, oder man sitzt beim fair gehandelten Kaffee zusammen. Zwischendrin gibt es jedoch durchaus den einen oder die andere, dem/der es gelingt, sich unter diesen Umständen in ein Lehrbuch zu vertiefen.

Vor allem an einem Fensterplatz fühlt man sich hier wie in einem großen Wintergarten. Die umlaufende Glasfront offeriert einen freien Blick über die ganze Uniwiese und bis hin zur Hauptmensa an der Zülpicher Straße. Und wer des studentischen Treibens überdrüssig ist, der kann von hier aus eine hübsche Wanderung durch den Inneren Grüngürtel starten.

Adresse Albertus-Magnus-Platz | **ÖPNV** Bahn 9, Haltestelle Universität | **Öffnungszeiten** Semester: Mo–Do 7–18, Fr 7–15, Sa 9–14 Uhr; vorlesungsfreie Zeit: Mo–Do 7–16, Fr 7–15 Uhr | **Tipp** Im Untergeschoss liegt außerdem der Barbarastollen, ein altes Schaubergwerk (siehe auch »111 Kölner Orte«, Band 1).

25 Die Erdmutter
St. Maria im Kapitol und seine Madonna

Wenn Heinrich Böll auswärtige Gäste empfing, führte er sie zunächst durch Kölns romanische Kirchen. Stets begann er mit St. Maria im Kapitol, um seinen Besuchern »klarzumachen, was das früher für ein herrliches Gebilde war (...). Und dann gibt's da eben eine Madonna, die mich sehr reizt, die ich sehr liebe. Es ist eine ganz alte, hässliche, fast noch Erdmutter«.

Er macht neugierig, dieser Nachsatz, und tatsächlich: Bei der von Böll verehrten Madonna handelt es sich um ein ganz außergewöhnliches Kunstwerk. Die um 1200 entstandene Skulptur findet sich heutzutage an der westlichen Stirnwand des nördlichen Seitenschiffs. Böll hat recht: Diese Maria ist keine Schönheit. Schmale, zusammengepresste Lippen und eine relativ breite, platte Nase korrespondieren mit dem insgesamt flächigen Gesicht. Dennoch beeindruckt diese Madonna den Betrachter mit ihrem versunkenen, zugleich sanften und charakterstarken Gesichtsausdruck. Sehr aufrecht sitzt sie auf ihrem bescheidenen Thron, das Jesuskind auf dem Schoß, und blickt in die Ferne, vielleicht auch in die Zukunft.

Kunsthistorisch entspricht diese Konstellation – Maria mit dem Jesuskind auf den Knien, ihre rechte Hand auf seiner Schulter – dem Typ der Nikopoia (»die Siegbringende«), einem byzantinischen Gnadenbild. Weiterführender ist jedoch Bölls Assoziation der Erdmutter. Der aus dem Reich der Mythologie stammende Begriff geht auf den Glauben an eine weibliche, Leben und Tod durchdringende Göttermutter zurück, die sich etwa auch in der griechischen Gaia spiegelt. In der Rede von der »Mutter Erde« ist diese archaische Vorstellung auch im Deutschen erhalten geblieben.

Ursprünglich war die Figur von einer kostbaren Farbfassung aus Lapislazuli-Blau und Gold gerahmt. Die noble Ausstattung ging im Laufe der Jahrhunderte verloren, ebenso fehlen heutzutage die Glasaugen der Madonna. Ihrer Ausstrahlung hat dies jedoch keineswegs geschadet. Im Gegenteil.

Adresse Marienplatz 19 | www.maria-im-kapitol.de | **ÖPNV** Bahn 1, 7, 9, Bus 132, 133, jeweils Haltestelle Heumarkt | **Öffnungszeiten** Mo–Sa 9–18, So 11.30–17 Uhr | **Tipp** Sehr besinnlich ist auch eine Runde um den Kreuzgang der Kirche.

26 Die FC-Kirche
Hier die Schäfchen, dort der Geißbock

Schon rein äußerlich macht die Flittarder St. Hubertus-Kirche einiges her. In seiner Basis stammt der romanische Turm aus dem 9. Jahrhundert, auch die beiden Geschosse darüber aus dem 12. Jahrhundert sind älter als der Dom auf der anderen Rheinseite. Beim Eintritt wiederum fällt sofort die moderne Deckenbemalung des Gebäudes auf. Sie verdankt sich dem Maler Hermann Gottfried, geboren 1929 in Düren. In den Jahren 1976/77 gestaltete er die kompletten Innenwände in sanften Blautönen neu, bis hoch zur Kuppel über dem Chor. Im Parterre dort finden sich auch die wichtigsten Heiligenfiguren samt dem Namensgeber der Kirche, dem heiligen Hubertus. Der Schutzpatron der Jäger soll einst bekehrt worden sein, als er im Geweih eines prächtigen Hirsches ein Kruzifix erkannte.

Jenseits der großen Kunst existiert hier jedoch noch ein unauffälliges Detail, das der Rede wert ist. Um es zu entdecken, muss man sich positionieren wie der Pfarrer und sodann den Blick an der ersten Säule links hochwandern lassen: Genau über dem Kapitell hängt dort das Wappen des 1. FC Köln, samt Geißbock Hennes. Die Idee war Pfarrer Michael Cziba zusammen mit seinen Messdienern gekommen. Umgesetzt wurde sie 2010 im Rahmen einer Renovierung des Gotteshauses. Seitdem hat der leidenschaftliche FC-Fan Cziba während der Messe nicht nur seine Schäfchen, sondern auch die legendäre Ziege stets vor Augen. Für die eigenwillige Liaison fand er seinerzeit sogar eine höchst sakrale Begründung: »Wenn man Gottesdienst feiert, kann es nicht falsch sein, sich auch an weltliche Dinge zu erinnern, die von Gott geschenkt sind und Freude machen. Da ist es mir sehr recht, ein kleines FC-Wappen an einer unauffälligen Stelle in der Kirche zu sehen, welches mir sagt: Die Freude am FC kommt auch von Gott, und im Leid hält Gott auch zu uns! Der Geißbock vom FC erinnert mich daran und das ist gut so!«

Adresse Hubertusstraße 3 | www.christen-am-rhein.com | **ÖPNV** S-Bahn 6 bis Haltestelle Stammheim, dann Bus 151, 152 bis Haltestelle Edelhofstraße | **Öffnungszeiten** jeweils 30 Minuten vor der Messe, Termine s. Website | **Tipp** Am Ende der Hubertusstraße beginnt die hübsche Flittarder Rheinaue.

27 Der Felsengarten
Eine verwunschene Schlucht am Fort VI

Der Felsengarten am Fort VI hat etwas von einem alten Märchenwald. Durch die hohen Bäume ist es hier immer recht düster, man würde sich nicht wirklich wundern, kämen hier Trolle oder Feen aus dem Gebüsch geschlüpft. Die überall verteilten Steine, zerklüftet und moosbewachsen, tun ein Übriges, um die Stimmung ins Romantische zu befördern.

Wie die Felsbrocken, so wirkt auch die Landschaftsformation hier sehr untypisch für Köln. Gartendirektor Fritz Encke, unter dessen Ägide die Anlage 1923 ihren Anfang nahm, orientierte sich am Grundriss des ehemaligen Preußenforts. Und so entstand hier, im nördlichen Seitengraben, eine künstliche Schlucht, von der aus die felsdurchsetzten Wände gut 20 Meter steil in die Höhe steigen. Kleine Pfade führen außen herum auf ein Plateau, von wo aus der Blick durch den Wald und auf den nahe gelegenen Decksteiner Weiher fällt.

Das Fort Deckstein, wie es auch genannt wird, entstand 1873–1876 im Rahmen des äußeren Befestigungsrings der Preußenzeit. Laut Versailler Vertrag durften dann nach dem Ersten Weltkrieg lediglich das stadtwärtige Kehlhaus sowie die seitlichen Wallanlagen erhalten bleiben. Nach der Entmilitarisierung entstanden vor dem Fort zwei Fußballplätze, der Vorhof wurde repräsentativ umgestaltet. Und anstatt die herumliegenden Betontrümmer der gesprengten Festung aufwendig zu entsorgen, verfiel Encke auf die Idee eines Felsengartens. Ursprünglich war der sogar von Zierstauden geschmückt, aber schon wenige Jahre später geriet die Installation in Vergessenheit. Der Felsengarten wuchs zu und fiel in einen Dornröschenschlaf, aus dem er erst im Jahr 2001 wieder erwachte. Die Initiative für die Sanierung kam vom Rheinischen Verein für Denkmalpflege sowie vom städtischen Grünflächenamt. Bei der Entrümpelung halfen unter anderem Schüler des Hildegard-von-Bingen-Gymnasiums.

Adresse Nördlich des Fort VI am Decksteiner Weiher | **ÖPNV** Bus 146, Haltestelle Deckstein | **Tipp** Immer reizvoll ist ein Spaziergang um den Decksteiner Weiher, eventuell bis zum Stüttgenhof (siehe auch Seite 204).

28 Die Flossis
Bunte Riesen in Zollstock

Der Rosafarbene hält den Grünen im Arm. Oder ist es »die« Grüne? – Schwer zu sagen, denn Flossis haben kein erkennbares Geschlecht. Jedenfalls, die beiden winken all jenen zu, die aus Richtung Südstadion kommen. Der Blaue und der Gelbe hingegen klettern die Fassade hinauf. Sehr unangestrengt wirkt das, denn mit ihren langen, großen, mithin: flossenartigen Händen und Füßen kleben sie wie Salamander am Mauerwerk.

Flossis, das sind die Figuren der 1953 geborenen Künstlerin Rosalie. Berühmt wurden sie Ende der 1990er im Düsseldorfer Medienhafen, wo inzwischen 29 von ihnen fest vor Anker gegangen sind (Gründerzentrum an der Speditionsstraße). Seit 2001 schmücken acht weitere Flossis die Fassade der deutschen Unicef-Zentrale in Zollstock. Gestiftet wurden sie – da ergänzen sich Werbung und soziales Engagement auf das Feinste – vom Verband der deutschen Kunststoffindustrie.

Die Kölner Flossis sind bis zu 4,20 Meter hoch und 2,50 Meter breit. Außerdem sind sie knatschbunt und vor allem Geschmackssache. Überall in Deutschland, wo sie bisher installiert wurden, regte sich neben Sympathie immer auch ein veritabler Widerstand. Nicht zuletzt wohl auch deshalb, weil bei Flossis nicht zwischen Kunst, Konzept und Design zu unterscheiden ist. Die Idee, einmal geboren und erfolgreich, perpetuiert sich seitdem selbst. Flossis gibt es inzwischen in allen Formen und Größen, man kann sie kaufen wie Superhelden, Schlümpfe und Simpsons. Weil sie stets in Gruppen auftreten, erinnert man sich bei ihrem Anblick auch sofort an eine weitere umstrittene Armee: die Müllmänner des Kölners HA Schult. Aber während diese aus geleerten Coladosen, Altradios und sonstigem Plunder gepresst werden, bestehen Flossis aus glasfaserverstärkten, acryllackierten Kunststoffen. Makellos glatt sind ihre Oberflächen, ein Schult-Männchen sähe neben ihnen aus wie ein zerfledderter Punk.

Adresse Höninger Weg 104 | **ÖPNV** Bahn 12, Haltestelle Pohligstraße | **Tipp** Nicht weit ist es zum hübschen Vorgebirgspark, der den Volksgarten mit dem Äußeren Grüngürtel verbindet (siehe auch Seite 214).

29_Der gefälschte Monet
Im Labor des Wallraf-Richartz-Museums

Es erregte mehr Aufsehen als so manche Großausstellung im Museum Ludwig, dieses Gemälde vom »Seine-Ufer von Port-Villez«. Dabei ist es absurderweise genau seit dem Zeitpunkt seiner Berühmtheit streng genommen auch nichts mehr wert: Das Spektakel bestand nämlich in seiner Entlarvung als Fälschung.

Claude Monet hat dieses Bild tatsächlich gemalt. Bis zum Frühjahr 2008 ging man allerdings davon aus, er habe sich dieses Motivs gleich zweimal angenommen und das Kölner Museum verfüge über eine der beiden Ausführungen. Dann jedoch kam das WRM-Forschungsprojekt »Maltechniken des Impressionismus und Postimpressionismus« zu dem Schluss, dass es sich unmöglich um einen echten Monet handeln könne. Die Arbeitsgruppe stützte sich dabei vor allem auf folgende Indizien: Die sehr ausführlichen Vor- beziehungsweise Unterzeichnungen des Gemäldes sind genauso untypisch für diesen Maler wie der Einsatz von Spachteln; die auf der Rückseite umgeschlagenen Ränder der Leinwand wurden mithilfe einer bräunlichen Tinktur auf alt getrimmt, und für die Unterschrift musste der Fälscher gleich zweimal ansetzen: Auf eine graublaue folgte eine braune Signatur.

Zur Untersuchung solcher Fälle sowie generell der Arbeitsweise früherer Jahrhunderte benutzen die Restauratoren heutzutage modernste Technik vom Infrarot-Reflektogramm bis hin zu Röntgenstrahlen. Letztere machen sogar die Holzdübel sichtbar, mit denen einst die für größere Tafelbilder nötigen Bretter verbunden wurden. Im WRM machte man aus der Not mit dem Monet eine Tugend. »Labor des Museums« heißt der Raum im zweiten Stock, der der Arbeit der Restauratoren gewidmet ist. Hier hängt nicht nur der gefälschte Monet neben einem Kunstdruck des Originals, sondern es findet sich zudem die höchst interessante Werkanalyse eines mittelalterlichen Altarbildes aus der Bartholomäuszeit. Sie führt zurück bis zu den ersten Vorzeichnungen des Künstlers.

Adresse Rathausplatz | www.wallraf.museum | **ÖPNV** Bahn 1, 7, 9, Haltestelle Heumarkt; Bus 132, Halte-stelle Rathaus | **Öffnungszeiten** Di, Mi, Fr 10–18, Do 10–22, Sa u. So 11–18 Uhr | **Tipp** Auf eine Reflexion über den Unterschied von Fälschung und Kopie mag sich einlassen, wer nebenan in St. Alban die Ewald-Mataré-Adaption eines Käthe-Kollwitz-Originals (»Trauerndes Elternpaar«) betrachtet.

30_Die Godorfer Wahrzeichen
Vom Laubenhaus zur alten Mühle

Wer vor einigen hundert Jahren von Köln nach Bonn wollte, hatte einen weiten Weg vor sich. Was die KVB heutzutage in weniger als einer Stunde bewältigt, bedeutete einst eine Tagesreise. Weil sowohl die Passagiere als auch die Pferde einer altertümlichen Kutsche eher früher als später der Rast bedurften, entstanden Laubenhäuser wie die beiden an der Godorfer Hauptstraße. Unter dem vorkragenden, auf hölzerne Pfeiler gestützten ersten Stock solcher Gebäude wurden die Pferde getränkt, während im Innern eine Gastwirtschaft auf den Kutscher und die Reisenden wartete. Da diese Häuschen aus dem späten 18. Jahrhundert stammen, ist hier vielleicht sogar Goethe eingekehrt. Jedenfalls reiste auch er auf seiner Deutschlandtour im Jahr 1774 über Godorf nach Bonn. 1844 dann war es jedoch aus mit der Raststätte Godorf: Fortan verkehrte statt Kutschen die Eisenbahn zwischen Köln, Brühl und Bonn.

Folgt man der Hauptstraße ein Stück nach Norden und nimmt sodann rechts die Fußgängerbrücke über die Bahngleise, gelangt man ins Godorfer Hafengebiet. Schon von Weitem rückt ein alter Backsteinturm ins Sichtfeld, eine ehemalige Holländer- beziehungsweise Kappenmühle. Mühlen sind in Godorf ab dem 12. Jahrhundert nachgewiesen, diese stammt jedoch von 1849. Seit 2005 dient der Turm als Lager, in seinem Innern ist kaum noch etwas im Originalzustand. Man spürt hier die isolierte Insellage zwischen Industriegürtel, Schnellstraße, Gleisen und auf der anderen Seite dem Fluss. Die leichte Verwilderung des Geländes befördert den pittoresken Eindruck ebenso wie der anrainende Bauernhof. Er stammt aus dem 19. Jahrhundert.

Am Eingang fordert übrigens ein altes Schild zum Einwurf einer 2-DM-Münze auf. Daraufhin, so heißt es weiter, »drehen sich die Flügel ca. 2 Minuten«. Ein Blick nach oben jedoch führt zu der ernüchternden Erkenntnis: Die Flügel sind nicht mehr, genau wie die D-Mark.

Adresse Laubenhaus: Godorfer Hauptstraße 29; Mühle: Mühlenhof | **ÖPNV** Bahn 16, Haltestelle Godorf; Bus 135, Haltestelle Bunsenstraße | **Öffnungszeiten** Beide Gebäude sind nur von außen zu besichtigen. | **Tipp** Beeindruckend ist eine Wanderung gen Süden entlang der B9 mit ihren gigantischen Industrielabyrinthen.

31_Gondeln überm Fluss
Die Kabinen der Rheinseilbahn

»111 Kölner Orte« heißt dieses Buch, und hier kommt der kleinste von ihnen: Er misst gerade einmal anderthalb Quadratmeter und bietet Platz für maximal vier Personen. Diese müssen jedoch, sind sie denn erwachsen, auf einer der zwei Bänke Platz nehmen, denn bei einer Höhe von lediglich 1,60 Metern stießen sich die meisten Menschen sonst den Kopf. Einen bemerkenswerten Vorteil jedoch hat diese winzige, dabei immerhin 390 Kilogramm schwere Kabine: Sie ist beweglich. Mit der sagenhaften Geschwindigkeit von 2,8 Metern pro Sekunde (also 10 Stundenkilometern) befördert sie ihre Insassen in sechs Minuten 930 Meter weit.

Na und?, könnte man nun fragen. Aber genau diese 930 Meter haben es in sich, führen sie doch auf Höhe der Zoobrücke über den Rhein. Die Rheinseilbahn wurde 1957 zur Bundesgartenschau im Rheinpark eröffnet. Damals war sie die erste Seilschwebebahn Europas, die über einen Fluss führte. Eine moderne Kollegin erstand ihr 2011 in Koblenz, wo anlässlich der Bundesgartenschau eine Seilbahn vom Deutschen Eck hoch zur Feste Ehrenbreitstein eingeweiht wurde.

In rund 50 Metern Höhe übers Wasser zu schweben, ist ein Erlebnis der besonderen Art. Weit führt der Blick nach Norden und Süden, die Autos auf der Zoobrücke wirken wie Spielzeuge, man fühlt sich fast auf der Höhe der Domspitzen. Und wer im Flugzeug hin und wieder Angst bekommt, darf sich in der Rheinseilbahn beruhigt zurücklehnen. Das Tochterunternehmen der KVB hat in den gut sechzig Jahren seines Bestehens rund 17 Millionen Passagiere befördert. Und dies trotz einiger Zwischenfälle unbeschadet.

1963 wäre es beinahe aus gewesen mit diesem Kölner Highlight. Ihre rechtsrheinische Stütze war dem Zoobrückenbau im Weg und musste demontiert werden. Weil man zudem befürchtete, die Gondeln könnten die Autofahrer irritieren, schienen die Tage der Seilbahn gezählt. Aber die Vernunft siegte: Mit leicht veränderter Trasse feierte man im August 1966 die Wiedereröffnung.

Adresse Linksrheinisch: Station Zoo, Riehler Straße 180; rechtsrheinisch: Station Rheinpark, Ecke Sachsenbergstraße und Auenweg | www.koelner-seilbahn.de | **ÖPNV** Linksrheinisch: Bahn 18, Bus 140, jeweils Haltestelle Zoo/Flora; rechtsrheinisch: Bus 150, Haltestelle Thermalbad | **Öffnungszeiten** April–Oktober täglich 10–18 Uhr | **Tipp** Rechtsrheinisch bietet sich ein Besuch des Rheinparks an, linksrheinisch der Flora.

32 Das Grab des Albertus
Ein mittelalterlicher Star-Philosoph

Der Mann hat einiges in Köln geleistet, und er hat hier viel erlebt. Mehrmals wurde er zum Beispiel als Gutachter im Streit zwischen dem Erzbischof und der städtischen Bürgerschaft eingesetzt und entschied jedes Mal für die Letztere. Und sehr wahrscheinlich war er auch am 15. August 1248 vor Ort und somit Zeuge eines für die Stadtgeschichte überaus bedeutsamen Ereignisses: der Grundsteinlegung des Kölner Doms.

Albertus Magnus lebte von 1248 bis 1254, von 1257 bis 1260 und wiederum von 1270 bis zu seinem Tod im Jahr 1280 in Köln am Rhein. Im ehemaligen Dominikanerkloster an der Stolkgasse studierte er Theologie und wurde zum Priester geweiht. Und von hier aus gingen auch seine Schriften in die Welt hinaus, die den Universalgelehrten zu einem der einflussreichsten Theologen und Aristoteliker des Mittelalters machten. Nicht umsonst, so darf man vor diesem Hintergrund behaupten, trug er deshalb auch den Beinamen Albertus Coloniensis, Albert von Köln. 1622 wurde er selig-, 1931 heiliggesprochen.

Nach Köln war Albert gekommen, um hier eine Hochschule des Dominikanerordens zu gründen. Das Institut genoss bald einen überragenden Ruf, zog Studenten aus ganz Europa an und gab auch den Stadtvätern eine bis heute virulente Idee ein: Im Jahr 1388 gründeten sie die Universität zu Köln. Seine westlich an die Krypta von St. Andreas angebaute Grabkapelle stammt aus den 1950er Jahren. Während draußen das Großstadtleben tobt – der Dom, McDonald's und das Verkehrsamt sind in Sichtweite –, scheint die Zeit hier unten stillzustehen. Nach mehreren Umbettungen ruhen Alberts Gebeine heutzutage in einem recht schlichten römischen Sarkophag. Am Fußende lädt eine kleine, mit rotem Samt bezogene Betbank zum Gedenken ein, ringsum zeugen Wandplaketten von hohen Besuchen. Johannes Paul II. etwa weilte hier am 15. November 1980, dem 700. Todestag des Heiligen.

Adresse Komödienstraße 4–8 | **ÖPNV** Bahn 5, 16, 18, Bus 132, jeweils Haltestelle Dom/Hbf. | **Öffnungszeiten** Mo–So 8.30–18 Uhr | **Tipp** Vor dem Hauptgebäude der Universität inspiziert Albertus als Sitzender die eintretenden Studenten. Er selbst stiftete das Bibelfenster in der Stephanuskapelle des Kölner Doms.

33 Der Grinkenschmied
Wo der letzte Heinzelmann haust

Bekanntermaßen endet die Geschichte der Heinzelmännchen mit ihrer Flucht. Die neugierige Schneidersfrau hatte sie des Nachts in ihrem Keller überrascht, und da man sie nun einmal erblickt hatte, sah man sie danach nie wieder.

Natürlich kann niemand in Köln zufrieden sein mit diesem Ende, erledigten die kleinen Geister doch zuzeiten alle liegengebliebenen Arbeiten. Außerdem gehörten sie zu Köln wie der Dom und 4711. Einen poetischen Kompromiss fand schließlich der Autor und Heimatforscher Franz-Peter Kürten (1891–1957). Er wollte herausgefunden haben, dass zumindest ein Heinzelmann seiner Heimat treu geblieben sei. Der Grinkenschmied nämlich habe in Höhenhaus Asyl gefunden, in einer Höhle am Emberg, genannt »Aan de sibbe Bäum«. Von dort aus hatte er seine geliebte Domstadt immer im Blick.

Bei Grinken handelt es sich um jene metallenen Bänder, die um die hölzernen Reifen von Bauernkarren gespannt wurden. Dem Grinkenschmied, so wird behauptet, habe man lediglich das Material vor seine Werkstatt legen müssen, um am nächsten Morgen das fertige Produkt abzuholen. In Höhenhaus griff man die Fortsetzung der alten Legende gern auf. Im Mai 1979 wurde dem Grinkenschmied ein Denkmal gesetzt. Seine bronzene Tafel steht in einer eigenen Nische am Rande des Wupperplatzes, dem zentralen Treffpunkt des Ortes. Der Heinzelmann mit der Schlappmütze, den lustigen Augen und dem Vollbart schwingt den schweren Hammer seines Gewerbes, unter ihm warten Arbeitsmaterial und Amboss auf den Schlag.

Einmal im Jahr wird der Höhenhauser Dorfgnom symbolisch zum Leben erweckt. Im Rahmen eines Festzuges trägt man ihn sodann durch die Straßen, bevor er für drei Tage über das wilde Kirmestreiben wacht. Danach, so muss man sich das wohl vorstellen, kehrt er glücklich und zufrieden in seine Höhle zurück.

Adresse Wupperplatz | **ÖPNV** Bahn 4, Bus 260, jeweils Haltestelle Am Emberg | **Tipp** Die besten Besichtigungstage sind der Mittwoch und der Samstag, wenn auf dem Wupperplatz Markt abgehalten wird.

34 Die Grinköpfe
Von Schandmasken und Flaschenzügen

Wer durch die Kölner Altstadt schlendert, wird sich früher oder später über sie wundern: steinerne Fratzen mit zerfurchter Stirn und gruseligem Gesichtsausdruck, die an Hauswänden prangen. Augen fehlen ihnen ebenso wie die Unterkiefer, stattdessen wachsen bis zu zwölf Zentimeter lange, walrossartige Hauer aus diesen Gesichtern. Die Rede ist von den sogenannten Grinköpfen, zuweilen auch als Annoköpfe bezeichnet.

Erzbischof Anno, so besagt die gängigste Grinkopflegende, habe einst einer einsamen alten Witwe aus der Patsche geholfen. Diese hatte einem Kaufmann einen Haufen Geld vorgestreckt, an das er sich später nicht mehr erinnern wollte. Die Schöffen, an die sich die Frau hilfesuchend wandte, bestach er mit einem Teil jenes Salärs. Anno jedoch deckte den Schwindel auf. Die Schuldigen wurden geblendet und an ihren Häusern jene Fratzenmasken angebracht.

Version 2 baut hingegen auf Annos berühmter Verfehlung von 1074 auf. Damals hatte der Erzbischof ein Kaufmannsschiff beschlagnahmen lassen, um darauf seinen Freund, den Mainzer Erzbischof Siegfried, heimreisen zu lassen. Ein Aufstand brach los, Anno musste aus der Stadt fliehen, kehrte jedoch bald danach mit schweren Truppenverbänden zurück. Schnell hatte er die Macht zurückerobert, sodass die Geschichte endet wie Version 1: mit der Blendung der Rädelsführer und der Schandmaskierung ihrer Häuser.

Die Wahrheit hingegen liegt in diesem Fall nicht in der Mitte, sondern ganz woanders. Wer genau hinschaut, wird bemerken, dass die Hauer nach unten hin wie ein V spitz zulaufen. Zwischen die Zähne steckte man eine Stange, die vom Boden bis in ein unter der Maske befindliches Wandloch reichte. Mithilfe eines Seiles ließ sich sodann ein simpler Flaschenzug basteln, über den Waren gezogen werden konnten. Unter den Grinköpfen befanden sich ursprünglich also mit Holzplanken bedeckte Löcher, die in Kellerlager hinabführten.

Adresse Grinköpfe finden sich an der Salzgasse 1, Auf dem Rothenberg 11, an der Ecke Rothenberg/Lintgasse und im Seidmacherinnengässchen. | **ÖPNV** Bahn 1, 7, 9, Bus 132, 133, jeweils Haltestelle Heumarkt | **Tipp** In der Tiefgarage am Dom findet sich das Mauerloch, durch das Anno anno 1074 floh.

35 Das Haus X1
Kölns ungewöhnlichster Wohnbau

Es entbehrt nicht einer gewissen Ironie, dass diese Straße Am Zehnpfennigshof heißt. Schließlich sind die hier anrainenden Häuser nicht unter ein paar Millionen Euro zu haben. Groß sind sie alle, und nicht wenige wurden offensichtlich von ambitionierten Architekten geplant. Eines jedoch, das Haus Nummer 9, sticht ganz besonders ins Auge. Der zweigeschossige Bau wird von einer hellblauen Stahlbetonschale überspannt, die seitlich fast bis zum Boden reicht, bevor sie wieder leicht aufkantet. Die Fassade ist hingegen in tiefem Rot gehalten. Verschieden große Kuben springen vor und zurück, Zwischenräume werden von Fenstern und Balkonen besetzt. Je nach Perspektive erinnert dieses Gebäude mal an einen Hangar, mal an einen Pilz. Nach hinten heraus liegt ein geräumiger Pool samt Sprungbrett, der – für die Gegend nicht unbedingt typisch – von der Straße frei einsehbar ist. Die dortige Gartenseite des Hauses wurde im Gegensatz zur Front komplett verglast.

Errichtet wurde das auf den Namen X1 getaufte Haus zwischen 1959 und 1962 für den Architekten Peter Neufert (1925–1999). Der gebürtige Sachsen-Anhaltiner war vorwiegend in Köln und Umgebung tätig. Im Stadtgebiet zeichnet er unter anderem für das Wohn- und Geschäftshaus Weyerstraße 43–45 (1963) und für das Bürohaus Aachener Straße 1030–33 (1973) verantwortlich. Außerdem baute er 1971 das Frechener Keramion, ein Museum für die Keramikstadt, dessen Form an eine Töpferscheibe erinnert.

Wer sich seinem exaltierten Wohnhaus am Zehnpfennigshof nähert, spürt den künstlerischen Gestaltungswillen auf Schritt und Tritt. Bereits die Zufahrt zum Gebäude ist von zahlreichen großen Skulpturen gesäumt. Hier wollte sich jemand formal und farblich vom Hahnwalder Villenstil und Einheitsweiß absetzen, und zumindest das ist ihm auch gelungen. Der Rest ist, wie immer, Geschmackssache.

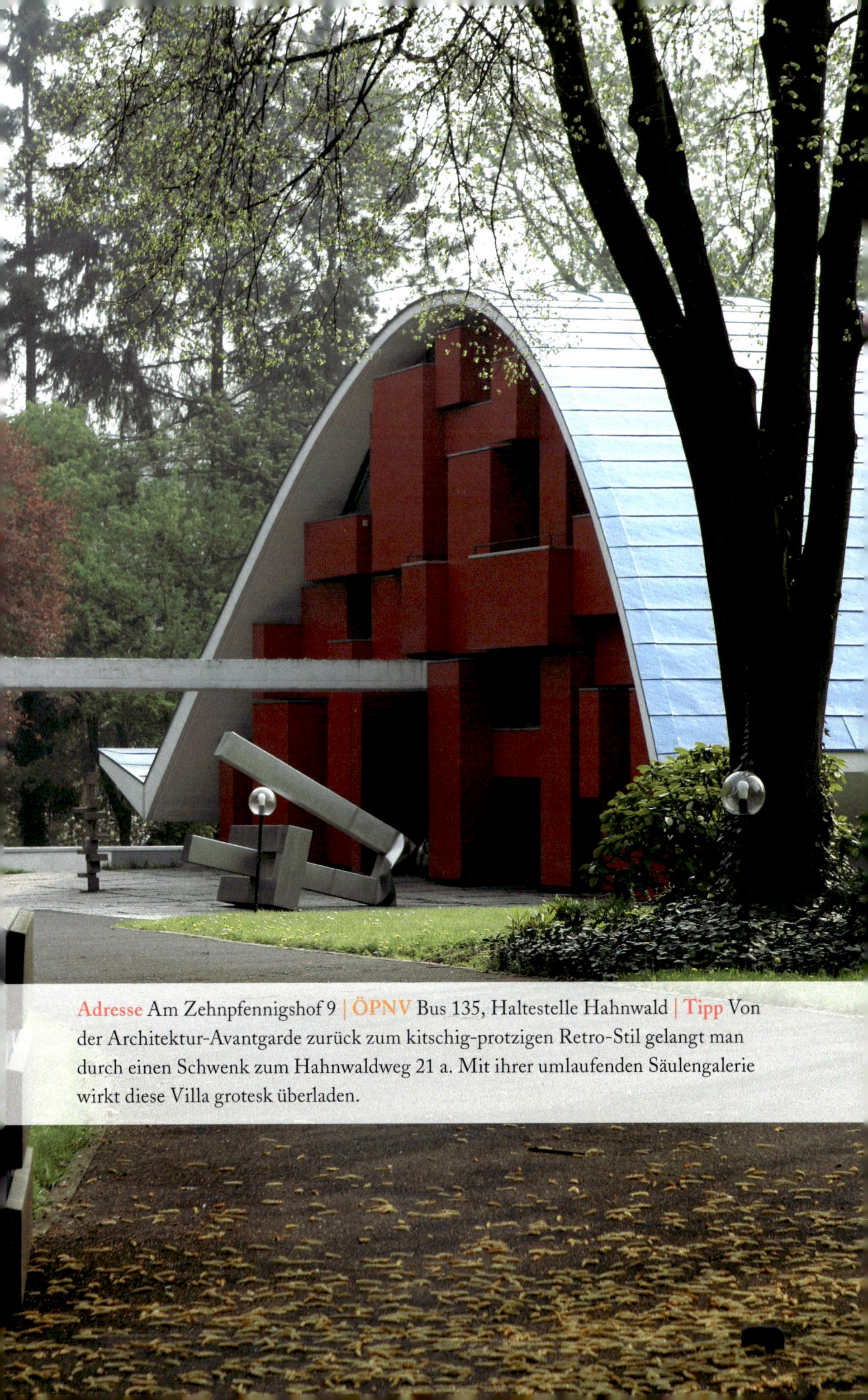

Adresse Am Zehnpfennigshof 9 | **ÖPNV** Bus 135, Haltestelle Hahnwald | **Tipp** Von der Architektur-Avantgarde zurück zum kitschig-protzigen Retro-Stil gelangt man durch einen Schwenk zum Hahnwaldweg 21 a. Mit ihrer umlaufenden Säulengalerie wirkt diese Villa grotesk überladen.

36 Der Heidenberg
Ein Hügel am Ur-Rhein

Immendorf liegt an einem alten Arm des Ur-Rheins. Man sagt, dass sich die Stromrinnen noch bis in die 1920er Jahre hinein mit Wasser füllten, wenn der Fluss entsprechendes Hochwasser trug. Von Meschenich oder Rondorf kommend fällt jedoch auch sofort auf, was diesen Flecken schon vor Jahrtausenden für Siedler attraktiv machte: eine Erhebung, rund dreizehn Meter über Normalniveau. Wo sich heute Kiesgruben ausbreiten, lagen früher sumpfige Wälder – ein trockener Ort mit weiter Aussicht war da natürlich Gold wert.

Heutzutage steht auf diesem Hügel die Immendorfer Kirche. Dass er den Namen Heidenberg trägt, verwundert nur im ersten Moment. Auch die Kelten und später die Germanen haben wohl an diesem besonderen Ort in irgendeiner Form ihrer Religion gefrönt. Möglicherweise ragte hier einst ein großer, kultisch verehrter Baum auf. Wenn die christlichen Missionare später genau hierhin ihr Gotteshaus setzten, dann stand dahinter eine Machtdemonstration zur Bekehrung der »Heiden«. Erste Zeugnisse eines Gotteshauses stammen aus dem Jahr 948, frühromanische Fundamente wurden bei einer Generalrenovierung 1966/67 freigelegt.

Für Kölner Verhältnisse ist der Heidenberg wirklich recht imposant. Man besteigt ihn über einen serpentinenartigen Weg, beinahe muss man sich am Geländer hochziehen. Oben angekommen, genießt man einen hübschen Rundblick auf diesen idyllischen Stadtteil, der mehr als jeder andere hier im Süden ein Dorf geblieben ist. Der kleine Friedhof wartet mit einigen Grabsteinen aus dem 18. Jahrhundert auf, verziert mit Totenkopf und gekreuzten Knochen. Ein Ort der Ruhe ist auch die dem heiligen Servatius gewidmete Kirche, vor allem jener Vorraum des nordwestlichen Eingangs, der zu einer kleinen Kapelle gestaltet wurde. Ein Stuhl, eine hölzerne Pietà und die Möglichkeit, den Vorhang zu schließen, schaffen einen idealen Ort für eine kleine innere Einkehr.

Adresse Immendorfer Hauptstraße | www.heilige-drei-koenige.de | **ÖPNV** Bus 135, Haltestelle Zaunhof | **Öffnungszeiten** Di–Fr 9–12 Uhr, Di, Do 14.30–17.30 Uhr | **Tipp** Einen attraktiven Spaziergang versprechen die ausgedehnten Kiesgruben am westlichen Ortsrand.

37 Die Hochwassermarken
Andenken an die Katastrophe von 1784

Es war das schlimmste in Köln je gemessene Hochwasser. Über sechzig Menschen starben in den Fluten. Die Eismassen zerquetschten sämtliche Rheinschiffe, kutschengroße Eisblöcke planierten zahllose Häuser in Ufernähe, und weite Teile der Stadt standen unter Wasser. Das rechtsrheinische Mülheim, so heißt es in den Chroniken, wurde völlig zerstört.

Die Überschwemmungen vom 28. Februar 1784 gingen einher mit einem Pegelstand von 13,55 Metern. Zum Vergleich: Das Jahresmittel liegt bei 3,48 Metern, und selbst das »Jahrhunderthochwasser« von 1995 ließ den Rhein nur auf 10,69 Meter anschwellen.

Bereits im Jahr zuvor hatte die Erde von Europa bis nach Asien mit einer Reihe besorgniserregender Aktivitäten begonnen. Im Februar 1783 war Kalabrien durch eine Serie heftiger Erdstöße erschüttert worden, drei Monate darauf kam bei Vulkanausbrüchen ein Fünftel der Bevölkerung Islands ums Leben. Der folgende Winter begann mit extrem frühem Schneefall, in Köln schon im November. Beinahe jeden Tag bis in den Februar hinein sollte es nun schneien, Köln verschwand unter einer bis zu 1,50 Meter dicken Schneedecke. Gleichzeitig fror der Rhein zu, die Eisschicht erreichte eine Stärke von sage und schreibe drei Metern. Ganzen Fuhrwerken war es in diesem Winter möglich, trocken auf die andere Flussseite zu gelangen. Und dann, plötzlich, um den 23. Februar herum, ein Warmlufteinbruch!

Binnen weniger Tage schmolz der Schnee und brach das Eis. Das Wasser stieg alle zwei Stunden um einen ganzen Fuß. Heftige Regenfälle begleiteten die Schmelze und beschleunigten die Katastrophe. Fünf Tage später erreichte die Flut ihren Höhepunkt und mit ihr die Verheerung. Kein Wunder also, dass entlang dem Fluss zahlreiche Hochwassermarken an dieses historische Ereignis erinnern. Die eindrucksvollste findet sich über dem Portal von St. Maria Lyskirchen, in einer Höhe von rund 3,50 Metern.

Adresse An Lyskirchen 8. Weitere Hochwassermarken: am Haus Ecke Filzengraben/ Am Leystapel, am Chor der Elendskirche St. Gregor und an der Schmitz-Säule vor Groß St. Martin. | **ÖPNV** Für Maria Lyskirchen: Bus 132, 133, Haltestelle Waidmarkt | **Tipp** Naheliegend ist ein Spaziergang zum Kölner Pegel (siehe auch Seite 150).

38 Die Isenburg
Ein Rittergut in Holweide

Manchmal ist es kaum zu glauben, was man knapp 20 Minuten von der Innenstadt entfernt zu sehen bekommt. Ein Spaziergang am Strunder Bach in Holweide ist wie ein Marsch durch ein mittelalterliches Dorf. Direkt an der Ostseite der A3 liegt auf der Wichheimer Straße die gleichnamige Mühle aus dem 14. Jahrhundert. Nach einer zwischenzeitlichen Nebennutzung als Kornbrennerei diente sie fast sechshundert Jahre lang als Mahl- und Ölmühle. Erst 1961 wurde der Betrieb nach zwei verheerenden Bränden aufgegeben. Das Hoftor der inzwischen zu Wohnungen umgebauten Anlage steht tagsüber offen und führt zu einer Informationstafel. Sehr hübsch ist die durch einen Spazierweg zugängliche Rückseite des Gebäudes. Hier fließt der kleine Bach, die Strunde, und hier überblickt man den Reigen der kleinen Brücken, die von jeder Wohneinheit aus übers Wasser führen.

Eine hübsch renovierte Mühle mit neuem Mühlrad ist die Iddelsfelder, ebenfalls an der Strunde und knapp östlich der Neufelder Straße gelegen. Zwischen den beiden Mühlen liegt der Höhepunkt des Weges, die Isenburg. Die Wasserburg stammt aus dem 12. Jahrhundert und ist von wild wachsenden Wiesen und einem dunklen Teich umgeben. Nachdem der gesamte Burgkomplex in der Zeit nach dem Zweiten Weltkrieg zusehends verfallen war, ging Neubesitzer Bruno Wasser Anfang der 1980er Jahre an die Restaurierung. Unter anderem entstanden dabei mehrere Wohneinheiten, und der Burggraben wurde endlich wieder mit Wasser befüllt. Nachdem das noble Restaurant Isenburg 2011 schloss, hat sich die Gastronomie hier leider komplett verabschiedet. Über die Hauptbrücke gelangt man in den hübschen Innenhof, an den sich rechts das imposante, mit einem hohen Turm versehene Herrenhaus aus dem 16. Jahrhundert anschließt. 1803 wurde es durch einen klassizistischen Anbau erweitert. Wie das gesamte Areal macht auch dieses Ensemble einen sehr homogenen und zugleich authentischen Eindruck.

Adresse Joghann-Bensberg-Straße 49 | **ÖPNV** Bahn 3, 18, Haltestelle Vischeringstraße | **Tipp** Von der mittelalterlichen Adelsarchitektur ins Arbeitermilieu des frühen 20. Jahrhunderts gelangt man mit einem Gang in die Holweider Märchensiedlung zwischen Neufelder und Bergisch-Gladbacher Straße.

39_Das Jan-Wellem-Denkmal
Ein Zeichen Mülheimer Stolzes

Mülheim war jahrhundertelang eine selbstständige Stadt, und wie es sich für eine solche gehört, existiert hier auch ein anständiger Stadtpark – Spielplatz, Liegewiese und Entenweiher inklusive. Das historisch interessanteste Eckchen liegt jedoch im Nordosten des Areals. Hier steht auf hohem Sockel die 3,15 Meter große Statue des Johann Wilhelm, zugleich Herzog von Jülich und Berg sowie Kurfürst von der Pfalz (1658–1716). Unter seiner barocken Lockenperücke trägt er die Jagdkleidung seiner Zeit. Während die Linke lässig in der Hüfte steckt, ruht die Rechte auf der Flinte. Zu seinen Füßen: das Mülheimer Stadtwappen mit Fährmann und ruderndem Löwen.

Dass der fürstliche Name hier in seiner dialektalen Form präsentiert wird, scheint auf einen rein folkloristischen Hintergrund hinzudeuten. Aber weit gefehlt! Die Aufstellung am 28. April 1914 war vielmehr als Demonstration der Mülheimer Eigenständigkeit gedacht, und dass sie wenige Tage nach der endgültigen, gegen große Widerstände durchgesetzten Eingemeindung nach Köln erfolgte, ist auch kein Zufall.

Stifter des Denkmals war – wie im Fall der Bismarcksäule (siehe auch Seite 22) – der Mülheimer Fabrikant Christoph Andreae, dessen protestantische Familie 1714 aus Köln vertrieben worden war. Wie viele andere Industrielle hatten seinerzeit auch die Andreaes Zuflucht im toleranteren Mülheim gefunden. Dort regierte das lutherische Herrschergeschlecht derer von Berg, deren oberster Vertreter ab 1679 Johann Wilhelm hieß. Der gebürtige Düsseldorfer kam zeitlebens mehrfach nach Mülheim, weil es auf dem Weg zu seinen Jagdgebieten im Buch- und Königsforst lag. 1711 nahm er bei einer dieser Gelegenheiten sogar am Schießen der örtlichen Schützenbrüder teil, und wie es der Teufel (oder wer auch immer) wollte: Jan Wellem schoss den Vogel ab. Seit 1985 weist eine Plakette am Sockel des Denkmals auf dieses historische Ereignis hin.

Adresse Ecke Jan-Wellem- und Fürstenbergstraße | **ÖPNV** Bahn 4, 13, 18, Haltestelle Wiener Platz | **Tipp** Vom einstigen Einfluss der protestantischen Mülheimer Industriellen zeugen noch ihre zum Teil monumentalen Grabmäler auf dem Friedhof an der Bergisch-Gladbacher Straße. Genannt sei vor allem die Gruft Charlier.

40_Der Japanische Garten
Wo Leverkusen nach Köln hineinwächst

Das Schild auf der Düsseldorfer Straße besagt: »0,5 km bis Leverkusen«. Nicht mehr weit, eigentlich, aber genau diese 500 Meter sind es, deretwegen der Japanische Garten des Carl-Duisberg-Parks auf Kölner Gebiet liegt.

Im Grunde ist das nicht ganz fair, denn Park und Garten gehören dem Leverkusener Bayer-Konzern. Sie wurden vom Werk angelegt und werden bis heute aus werkseigenen Mitteln gepflegt und unterhalten. Vor allem deshalb handelt es sich bei diesem Stück Land, das sich da am Südende des Parks nach Köln hineinschiebt, um ein echtes Schmuckstück. Angelegt wurde die asiatische Wiesen-, Wald- und Wasserlandschaft im Jahr 1912 auf Initiative des damaligen Verwaltungsratsvorsitzenden der IG Farben, Carl Duisberg. Die Erweiterung seines Privatgartens sollte nicht zuletzt der Erholung und Verlustierung seiner Mitarbeiter dienen. Damals wie heute nutzen aber auch Ausflügler das Terrain für einen außergewöhnlichen Spaziergang.

Japanische Gärtner legten mit Hand an, um die anderthalb Hektar mit Gebäuden, Brücken, Skulpturen und Pflanzen des ostasiatischen Raumes zu füllen. Während die rot gestrichenen Brücken und Torbögen auf japanische Vorbilder zurückgehen, steht das zentrale Gartenhaus in chinesischer Tradition. Ein Großteil der Fläche besteht hingegen aus Bachläufen, kleinen Wasserfällen und Teichen, in denen Mandarinenten, Schildkröten oder auch die beliebten Kois angesiedelt wurden. Besonders nahe kommt man ihnen zuweilen, wenn man über die frei im Wasser liegenden Flachsteine läuft.

Der Japanische Garten geht gen Norden nahtlos in den 220.000 Quadratmeter großen Carl-Duisberg-Park über. Hier dominieren alte, zum Teil exotische Bäume und Pflanzen das Panorama, zu nennen wären etwa Amberbäume und Sumpfzypressen. Neben verschiedenen Skulpturen sorgen der Caritas-Brunnen und der Floratempel für künstlerische Highlights.

Adresse Kaiser-Wilhelm-Allee an der Grenze von Flittard und Leverkusen | **ÖPNV** Bahn S 6, Bus 152, jeweils Haltestelle Bayerwerk | **Öffnungszeiten** April–Sept. 9–20, Okt.–März Mo–Fr 9–16, Sa u. So 9.30–17.30 Uhr | **Tipp** Im angrenzenden BayKomm-Gebäude finden regelmäßige Führungen statt, siehe www.baykomm.bayer.de.

41 Das Jupp-Schmitz-Plätzchen

Ein Denkmal für den »Schnäuzer«

Kaum ein Kind wächst heran, ohne dieses Lied einmal gelernt zu haben, das da erzählt:»Ich fahr mit meiner Lisa zum schiefen Turm von Pisa …« Aber nur wenige Erwachsene wissen auch, wer es komponiert hat: Jupp Schmitz, der kölsche Karnevalssänger nämlich.

Der 1901 geborene Schmitz hatte eine klassische Pianistenausbildung erhalten, als er damit begann, Stummfilme am Klavier zu begleiten. Nach dem Zweiten Weltkrieg stieg er dann in den Karneval ein, und zwar mit einem Paukenschlag. Sein auf die Nöte der Zeit gemünztes »Wer soll das bezahlen« wurde auch über den Fasteleer hinaus zum Hit. Der »Schnäuzer«, wie er wegen seines markanten Oberlippenbartes genannt wurde, starb am 26. März 1991. Drei Jahre später enthüllte man ihm zu Ehren jenes Denkmal am bald darauf so getauften Jupp-Schmitz-Plätzchen.

Während etwa Karl Berbuer und Willi Ostermann mit auffälligen Brunnen geehrt wurden, fällt die Erinnerung an Jupp Schmitz eher bescheiden aus. Der Komponist sitzt an seinem Flügel und schaut sinnierend in die Ferne. Auf den ersten Blick verrät lediglich die Narrenkappe, aus welchem Umfeld der Geehrte stammt. Aber rund um das Klavier herum liegen kleine Zettel auf dem Boden, und wer näher herantritt, erkennt darauf Schmitzens beliebteste Liedtexte. Auch das berühmteste von allen ist dabei, und aparterweise wird es von einer Katze flankiert: »Am Aschermittwoch ist alles vorbei« heißt der Song, der den Katzenjammer fest im Gepäck hat.

Direkt am Platz existiert im Übrigen ein Durchgang zum großen Innenhof des Farinahauses. Vor allem sommers sind hier die Beete so bunt wie der Karneval. Und farbenfrohe Kostüme, wenn auch keine karnevalistischen, kann man am rückwärtigen Frauenbrunnen bewundern, der weibliche Archetypen von der Ubierin bis zur modernen Mutter präsentiert.

Adresse Ecke Marspforten- und Salomonsgasse | **ÖPNV** Bahn 1, 7, 9, Bus 133, jeweils Haltestelle Heumarkt; Bus 132, Haltestelle Rathaus | **Tipp** Mehr über Jupp Schmitz und den Fasteleer erfährt man im Braunsfelder Karnevalsmuseum (siehe auch Seite 92).

42_ Das Karnevalsmuseum
Eine närrische Zeitreise

So ein Karnevalsmuseum ist ein heikles Projekt, das schnell zur folkloristischen Selbstbeweihräucherungsanstalt werden kann. Und als potenzieller Besucher denkt man sich im Vorhinein: Was soll da schon ausgestellt sein außer Tausende von Orden?

Das Kölner Karnevalsmuseum in Braunsfeld belehrt uns jedoch eines Besseren. Diese luftige, moderne Ausstellung nimmt ihre Gäste mit auf einen Gang durch die Jahrtausende, der, wie alles in Köln, mit den Römern beginnt. Römische Masken belegen die antike Lust an der Verkleidung, wenn auch mit aller Deutlichkeit darauf hingewiesen wird, dass hier keine direkten Vorläufer des kölschen Karnevals zu sehen sind. Die christliche Fastnacht lässt sich erst seit dem 13. Jahrhundert nachweisen, die früheste Erwähnung in Köln stammt aus dem Jahr 1341. Was klein begann, mündete dann ab dem 15. Jahrhundert in erste Festumzüge – stets beargwöhnt und kontrolliert geduldet von der katholischen Kirche. Denn ab Aschermittwoch, so viel stand immer schon fest, wird bis Ostern vierzig Tage gefastet.

Bereits um 1700 herum begannen Historiker, die »Fastel-Abends-Gebräuche in Teutschland« zu untersuchen. Ihre Bücher präsentiert das Museum als Faksimiles. An weiteren Ausstellungsstücken, Stellwänden und Monitoren vorbei gelangt man in die Abteilung Moderne, die sich ebenfalls allen Facetten des Fasteleers widmet. Nicht zu kurz kommt dabei auch die Beschäftigung mit dem alternativen Karneval zwischen Stunksitzung, Geisterzug und schwul-lesbischem Narrentum.

Eine lange Reihe mit Kopfhörern gewährt schließlich Einblicke in die Musik des Karnevals, ohne die dieses Fest nicht zu denken wäre. Hier kann man noch einmal die Highlights im Werk von Willi Ostermann, Horst Muys, Ludwig Sebus oder auch den Bläck Fööss Revue passieren lassen. Und wer sich denn wirklich für Orden interessiert: Die gibt's natürlich auch. Zu Tausenden!

Adresse Maarweg 134–136 | www.koelner-karneval.org/koelner-karnevalsmuseum | **ÖPNV** Bus 141, 143, Haltestelle Karnevalsmuseum | **Öffnungszeiten** unregelmäßig, s. Website | **Tipp** Ein Besuch des Karnevalsmuseums lässt sich gut mit einem Spaziergang durch den Stadtwald verbinden.

43   Das Kleine Galiläa
Eine Kanzel für Georg Fritze

Dem evangelischen Pfarrer Georg Fritze (1874–1939) ist eine Straße in Seeberg gewidmet, und seine Statue steht auf dem Rathausturm. Obwohl ihn kaum jemand kennt, scheint der Mann also nicht ganz unbedeutend gewesen zu sein, zumal sogar ein Preis in seinem Namen vergeben wird: die »Pfarrer-Georg-Fritze-Gedächtnisgabe« für Menschen und Gruppen, die sich für die Opfer von Diktatur und Gewalt einsetzen.

Am intensivsten jedoch pflegt man sein Andenken an seiner alten Wirkungsstätte, der Kartäuserkirche. Fritze war 1928 der erste Pfarrer des instandgesetzten Gotteshauses geworden. Zuvor hatte es lange als Lazarett und Wagenremise gedient, bis es dann 1922 an die evangelische Gemeinde ging. Der »Rote Pfarrer«, wie man Fritze auch nannte, hatte 1920 den »Bund religiöser Sozialisten Köln« mit gegründet. Er forderte das Ende der klerikalen Gegnerschaft zur Sozialdemokratie, und er warnte frühzeitig und immer wieder vor dem aufkommenden Nationalsozialismus. Aber im Laufe der 1930er Jahre wuchs der Druck auch aus den eigenen Reihen. Man verlangte von Fritze, sich vom Sozialismus zu distanzieren und einen Treueeid auf Hitler zu leisten. Seine Weigerung führte am 17. Oktober 1938 zu seiner Amtsenthebung, drei Monate später starb Fritze an Herzversagen.

Erst 1980 wurde der aufrechte Pfarrer rehabilitiert. Der Kölner Stadtkirchenverband entschuldigte sich öffentlich für seine Verfehlungen in dieser Angelegenheit. Ein Jahr später wurde ein Fritze-Denkmal eingeweiht, und zwar im ehemaligen Kreuzgang der Kartause. Der Platz trägt auch den Namen »Das Kleine Galiläa« (von Galiläa = »Kreis«, »Distrikt«). Eine Metalltafel, eingelassen in eine steinerne Kanzel, zitiert einen Bibelvers: »Kämpfe den guten Kampf des Glaubens – ergreife das ewige Leben« (1. Tim 6,12). Von der Kanzel aus hat man auch einen schönen Blick über das stille Wiesenrechteck mit seinem zentralen Wasserbecken in Kleeblattform.

Adresse Kartäusergasse 7 | www.kartaeuserkirche-koeln.de | **ÖPNV** Bahn 15, 16, Bus 132, 133, jeweils Haltestelle Chlodwigplatz | **Öffnungszeiten** Kreuzgang ganztägig, Kirche: April–Okt. Mi 13.30–16.30 Uhr | **Tipp** Rund um die Kartause existiert eine lebhafte evangelische Gemeinde mit zahlreichen Freizeit- und spirituellen Angeboten, siehe www.kartaeuserkirche-koeln.de

44 Der Klimperkasten
Kölns musealste Kneipe

»Wir wollten etwas bauen, das es noch nie gegeben hat«, sagen die Brüder Buschmann. Und so entwickelten die technisch begabten Gastronomen in dreijähriger Arbeit das erste selbstspielende Akkordeon-Tuba-Orchester der Welt.

Was das ist? – Nun, dabei handelt es sich um zwei Tünnes und Schäl nachempfundene, lebensgroße Figuren in der Kneipe »Klimperkasten« am Alter Markt. Wer hier einen Euro opfert, hat die Wahl zwischen rund 250 Liedern, die von den beiden Automaten schwungvoll vorgetragen werden. Beide sind dazu fähig, sämtliche Glieder zu bewegen und mit den Augen zu rollen, ja, der Akkordeonspieler erhebt sich sogar während des Vortrags.

Selbstspielende Klaviere und Schlagzeuge gibt es schon seit über hundert Jahren. Neu ist bei den so getauften »Pneuphonikern« aus Köln die mechanische Ansteuerung der Lippen. Wegen des äußerst komplizierten Zusammenspiels der Lippen mit dem Mundstück von Blasinstrumenten musste hier eine Sonderlösung in Form eines sehr schnellen pneumatischen Ventils gefunden werden. Die Druckluft wird derweil durch einen Staubsaugermotor erzeugt.

Auch jenseits dieser skurrilen Kapelle wirkt der Klimperkasten wie ein Museum für Musikautomaten. Zwischen den zahllosen historischen Fotos und Plakaten finden sich ein selbstspielendes Klavier, eine Orgel und ein Schlagorchester. Allesamt haben sie viele Jahrzehnte auf dem Buckel, sind aber völlig intakt und können per Münzeinwurf aktiviert werden. Neueren Datums ist hingegen »Papa Joke«, die Witzmaschine. Die Figur in der Glasvitrine erzählt einen Gag, um daraufhin in ekstatisches Schütteln und Lachen auszubrechen – so erschreckend wie ansteckend.

Und dann stehen da noch – ein bisschen windschief, geduckt und irgendwie sinister – drei Geräte am Abgang zu den Toiletten. Das sind die Guckkästen mit pornographischen Bildern aus dem 19. Jahrhundert.

Adresse Alter Markt 50–52 | www.papajoes.de/klimperkasten | **ÖPNV** Bahn 1, 7, 9, Bus 132, 133, jeweils Haltestelle Heumarkt | **Öffnungszeiten** täglich 11–3 Uhr | **Tipp** Wer Interesse an alten Automaten hat, spaziere zu den Schoko-Automaten im Schokoladenmuseum.

45 Der Kölsche Boor

Ein Landwirt als Stadtheld

Überlebensgroß kommt er daher, kräftig und stolz. Der leichte Knick in der Hüfte verleiht ihm sogar noch eine gewisse Lässigkeit, und auch der Wappenschild in der Linken und die Stadtschlüssel am rechten Arm scheinen auszudrücken: Hier steht ein edler Held.

Aber dann blickt man genauer hin und entdeckt, dass dieses lange Ding in seiner Rechten keineswegs eine Lanze oder ein Schwert ist, sondern ein schnöder Dreschflegel. Ergo: Der Mann ist weder König noch Ritter, weder Edelmann noch General, sondern ein ganz einfacher Bauer.

Es mutet skurril an, dass man in einer Metropole wie Köln ausgerechnet einen Landwirt als städtischen Heroen verehrt. Aber es existieren historische Wurzeln. Im Heiligen Römischen Reich des Mittelalters zählte Köln nämlich neben Regensburg, Konstanz und Salzburg zu den Bauernstätten des Verbundes. Einen Schub bekam das Image des Boors insbesondere durch die berühmte Schlacht von Worringen, die Köln ein Stück weit der Macht der Erzbischöfe entzog. Städtische Interessen spielten bei diesem Konflikt zwar eine ebenso untergeordnete Rolle wie das kölnische Heer; aber dieses bestand nun einmal in der Hauptsache aus einfachen Bauern, und der für Köln glückliche Ausgang des Kampfes glorifizierte ihre Teilnahme maßgeblich.

Im Grunde bildet der Kölsche Boor den Gegenentwurf zum anderen Kölner Helden, zu Jan von Werth. Auch dieser begann in jungen Jahren als einfacher Landarbeiter. Aber während von Werth über die Soldatenlaufbahn einen gesellschaftlichen Aufstieg sondergleichen hinlegte, steht der Kölsche Boor für Bodenständigkeit und Schollenverhaftung. Und wie es in Köln nun einmal üblich ist, fanden beide Figuren Eingang in den Karneval. Seit 1823, dem Beginn des neuzeitlichen Fasteleers, bildet der Boor gemeinsam mit Prinz und Jungfrau das närrische Trifolium, nach von Werth ist eine Karnevalsgesellschaft benannt.

Adresse Die prominentesten Darstellungen finden sich in der Rathaus-Piazzetta, an der Eigelsteintorburg, im Stadtmuseum und an der Nordseite des Jan-von-Werth-Brunnens auf dem Alter Markt. | **Tipp** Thematisch naheliegend ist ein Besuch des Brauhauses »Em Kölsche Boor« auf dem Eigelstein. Hier stand auch zeitweise jene Boor-Statue, die sich heute im Rathaus befindet.

46_ Die Kopflinden-Alleen
Ein Idyll am Sürther Mönchshof

Die Sürther Bahnhofstraße ist eine kleine, von Lindenbäumen gesäumte Allee. Kopflinden, so nennt man die Bäume, wenn ihre Kronen – oft über Jahrhunderte – auf eine markante Kopfform zurechtgestutzt wurden. Wer die gewundene Allee vom Bahnhof kommend durchschreitet, gelangt bald darauf zu einem dörflichen Ensemble, das in dieser Konstellation für Köln einmalig ist. Vom mittelalterlichen Mönchshof führt eine fußballfeldgroße Viehweide zur Kirche St. Remigius, in deren Rücken wiederum die Rheinauen hinunter zum Fluss geleiten.

Dass auch jene Weide von einer Lindenallee zweigeteilt wird, geht auf den erzbischöflichen Hofgerichtsassessor und Universitätsprofessor Peter Andreas Breuer (1757–1841) zurück. Als er 1828 das Geld für einen fälligen Kirchenneubau stiftete, tat er dies unter der Auflage, das neue Gotteshaus habe genau gegenüber seinem Hof zu liegen. Fortan verband die Allee Hof und Kirche in schnurgerader Linie. Bis heute erinnert ein Gedenkstein vor dem Mönchshof an den Stifter und seine Frau.

Einer der größten Sürther Grundbesitzer vor Breuers Zeit war die Zisterzienserabtei aus Altenberg im Bergischen Land. Ihr Einfluss auf das Dorf ist seit dem 12. Jahrhundert nachgewiesen. Außer dem Mönchshof gehörte dem Orden auch der Keltershof, insgesamt Ländereien von über 600 Morgen. Mit dem Einmarsch der französischen Revolutionsarmee 1794 endeten in Sürth gleich zwei Traditionen: Durch die radikalen Säkularisierungen der Eroberer gelangten die Höfe an Privatleute wie Peter Andreas Breuer; und weil hier von nun an französischer Wein getrunken wurde, ging es mit dem Sürther Rebenanbau zurück. Der »Suure Hungk« (Saurer Hund), wie man den Kölner Most nannte, hatte gegen die lieblicheren Weine aus dem Nachbarland keine Chance. Direkt südlich neben St. Remigius zeugt allerdings noch der Straßenname Zum Keltershof von dieser vergangenen Zeit.

Adresse Zwischen Bahnhof- und Kölnstraße | **ÖPNV** Bahn 16, Haltestelle Sürth; Bus 131, Haltestelle Marktplatz Sürth | **Tipp** Direkt hinter der Kirche beginnen die Sürther Rheinauen. Sehenswert ist auch der Falderhof, Falderstraße 27–29.

47 Krokodil & Co.
Die Fähren zwischen Zündorf und Weiß

Am Weißer Pflasterhofweg endet die Bebauung und beginnt der große Rheinbogen. Wer dem Sträßchen bis zum Rhein hinunter folgt, erblickt dort eine Ansammlung von Schiffen: ein sehr großes Transportschiff, das hier ganz offenbar seinen letzten Anker gefunden hat, und drei kleinere Boote. Ein Schild über dem schmalen Steg weist sie als Rheinfähren aus.

Das Krokodil, kleinster der Flusstransporter, fasst gerade einmal achtzehn Personen, Fahrräder eingeschlossen. Unterwegs ist jedoch meist Krokolino, das etwa doppelt so viele Passagiere befördert. Die Touren führen in einem Nordbogen auf die jeweils andere Seite und dauern knapp zehn Minuten. Wer die Kabine meidet und vorn im Bug oder hinten im Heck den Fahrtwind genießt, fühlt sich dabei der Natur und vor allem dem alten Vater Rhein für eine kurze Zeitspanne sehr eng verbunden. Und richtige Hochseegefühle kommen auf, wenn die Fähre ins Fahrwasser eines großen Lastschiffes gerät. Die von diesem ausgehenden Wellen machen aus der Überfahrt ein wildes Auf und Ab.

Die Fahrgerechtigkeit auf dem Rhein in Sürth und Weiß besaß über Jahrhunderte das Kölner Stift St. Georg. Die Fährleute hatten also beim Stiftskapitel ihre Gewerbeerlaubnis einzuholen und diese auch zu bezahlen. Die Fischerei und der Zehnte der Gegend waren in der Hand des Stiftes St. Severin. Damals wie heute führt die Fahrt ans Ostufer zum Zündorfer Hafen. Lange wurde er von einer natürlichen Insel geschirmt, bevor man diese ab 1849 mit dem Festland verband. Mit der zunehmenden Verlandung ging auch die Zündorfer Fischerei den Bach hinunter. Um 1960 vermoderte der letzte Aalkutter im brackigen Hafenwasser, bevor man in den 1970ern an die Aufarbeitung des Geländes ging. Die Groov entstand, ein dem Weißer Rheinbogen ebenbürtiges Freizeitrevier. Dank Krokodil & Co. sind sie auf dem direktesten Weg, dem übers Wasser, miteinander verbunden.

Adresse Linksrheinisch: Ecke Pflasterhofweg und Weißer Leinpfad, rechtsrheinisch: Ecke An der Groov und Zündorfer Leinpfad | www.faehre-koelnkrokodil.de | **ÖPNV** Linksrheinisch: Bus 131, Haltestelle Weißer Hauptstraße; rechtsrheinisch: Bahn 7, Haltestelle Zündorf | **Öffnungszeiten** wechselnd, siehe Website | **Tipp** Sowohl eingangs der Groov als auch am Rodenkirchener Ende des Rheinbogens warten gut gepflegte Minigolfplätze auf die Ausflügler.

48 Die Kundenhalle
Große Raumwirkung in der Kreissparkasse

Die Kundenhalle der Kreissparkasse birgt zahlreiche Überraschungen, aber zunächst einmal ist es der Raum selbst, der fasziniert. Während die Geschäfte rund um den Neumarkt von Kleinteiligkeit dominiert werden, schweift der Blick hier über eine unverstellte Weite. Sechzig Meter sind zu durchschreiten bis zum hufeisenförmigen Kassenbereich, 23 Meter liegen die Seitenwände auseinander. Noch verstärkt wird die Raumwirkung durch die rund zwölf Meter hohe, mit geometrisch auffälligen Akustikkörpern bestückte Decke.

Das 1935 errichtete und im Zweiten Weltkrieg völlig zerstörte Gebäude wurde mehrmals entscheidend umgebaut: Auf die Verlängerung der Halle 1958 folgte 1973 die Entfernung der umlaufenden Schaltertheke zugunsten jener aufgelockerten Innenarchitektur, die bis heute das Bild bestimmt. 1973 wurden im Eingangsbereich auch die beiden großen Bronzeköpfe von Tünnes und Schäl aufgestellt – ein Jahr vor den inzwischen bekannteren Figuren in der Altstadt. Aufgewertet wird die Halle zudem durch weitere kunst- und kulturhistorische Objekte. Sofort ins Auge fällt der 1949 von Eduard Schmitz geschaffene Kölnisch-Wasser-Brunnen, auch Sparbrunnen genannt. Hier »fließt« das Ersparte von Jung und Alt aus einer Bienenkorb-Spardose in das große Becken des Geldinstituts, um dort zu arbeiten und vermehrt zu werden.

Geradezu musealen Charakter hat die in die Seitenwände eingelassene Geldhistorische Sammlung der Kreissparkasse. In vierzig Vitrinen wird die Geschichte des Münzverkehrs von der Antike bis zur Währungsreform aufgearbeitet, gespickt mit einigen numismatischen Schätzchen. Unter anderem finden sich hier gleich mehrere Exemplare einer griechischen Drachme, die zwischen 500 und 413 v. Chr. hergestellt wurde und auf der ein sehr charismatisches Tier abgebildet ist. Wer sich je fragte, woher der Spruch »Eulen nach Athen tragen« stammt – hier wird er fündig.

Adresse Neumarkt 18–24 | **ÖPNV** Bahn 1, 3, 4, 7, 9, 16, 18, Haltestelle Neumarkt | **Öffnungszeiten** Mo–Fr 9–19, Sa 9–14 Uhr | **Tipp** Wie in der Altstadt, so sind auch am Neumarkt die Nasen von Tünnes und Schäl blank poliert. Sie anzufassen (jedenfalls die von Tünnes) soll Glück bringen.

49 Das Kunstfeld
Kölns einsamste Siedlung

Wer von Dünnwald aus auf das Sträßchen Am Kunstfeld abbiegt, der erwartet eigentlich nur noch eines: Wald. Überraschenderweise tauchen jedoch plötzlich zur Linken einige Häuser auf, und sie wirken ungewöhnlich. Fachwerkbauten in verschiedensten Varianten bestimmen das sehr heterogene, ländlich wirkende Bild. Ungepflasterte Straßen, große, bunt bewachsene Grundstücke und zahllose individuell gestaltete Anbauten befördern den Eindruck eines abgelegenen Weilers.

Tatsächlich bietet die Kunstfeld-Siedlung nur Platz für deutlich unter zweihundert Bewohner. Seinen Namen hat das Waldidyll von der Fabrik Wöllner & Mannes, die hier, am Rande des »Kningsbüggels«, ab 1820 verschiedene Kunstprodukte herstellte: unter anderem Salmiak, Soda und Berliner Blau, ein anorganisches Pigment. Der 1704 entdeckte Farbstoff spielt unter anderem in Theodor Fontanes Roman »Frau Jenny Treibel« eine nicht unwichtige Rolle.

In Dünnwald sorgte er dafür, dass auf dem Heideboden am Waldesrand eine neue Siedlung für Fabrikarbeiter entstand. Ihr Arbeitsplatz existierte jedoch nur bis 1870, und er verschwand unter furchtbaren Umständen. 1869 hatte Wöllners Schwiegersohn Benjamin Sternenberg die Produktion auf Sprengstoff umgestellt. Eine Konzession dafür besaß er allerdings nicht und auch kein Glück. Am 25. Januar des Folgejahres explodierte die Fabrik. Fünfzehn Arbeiter starben, viele weitere wurden schwer verwundet.

Auch viele der Kunstfeld-Häuser waren damals stark beschädigt beziehungsweise völlig zerstört worden. Erhalten blieb – jedenfalls für die nächsten zwanzig Jahre – nur der hohe Schornstein des Werkes. Nach dem Ende des Chemie-Standorts saß man in den kleinen Fachwerkhäuschen für die folgenden Jahrzehnte vor allem am Webstuhl, um den Mülheimer Textilfabriken zuzuarbeiten. Und 1894 erhielt Otto Morsbach die Konzession für eine Gaststätte – die »Waldschenke« gibt es bis heute.

Adresse Am Kunstfeld | **ÖPNV** Bahn 4, Haltestelle Odenthaler Straße | **Tipp** Die Siedlung liegt mitten im Wald. Ein hübscher Spaziergang führt zur unter Naturschutz stehenden Kiesgrube am Hornpottweg (siehe auch Seite 14).

50_Das leuchtende Pumpwerk
Moderner Hochwasserschutz in Bayenthal

Der kleine, grasbewachsene Hügel existiert erst seit 2008, aber längst ist hier ein neuer urbaner Ort entstanden. Direkt am Rhein gelegen, wird die Schräge in der Südstadt als aussichtsreiches Sonnendeck genutzt. Die umlaufende Gitterkonstruktion des darunterliegenden Gebäudes wurde stadt- und flusswärts durch Basaltsteine ergänzt. Das für die Kölner Uferböschungen typische Material erhöht die organische Einbindung des Bauwerks in seine landschaftliche Umgebung.

Die idyllische Lage im naturnahen Kleid darf jedoch nicht darüber hinwegtäuschen, dass unter der Grasnarbe hochmoderne Technik verbaut wurde. Im Untergeschoss warten sechs verschieden starke Pumpen auf ihren Einsatz, die sich den jeweiligen Wassermengen entsprechend automatisch einschalten. Die Funktion dieses Pumpwerks besteht darin, das Ableiten des Kölner Abwassers von den Kanälen zum Rhein hin zu gewährleisten. Ab einem Level von über 9,50 Metern entfaltet das Ensemble seine maximale Leistung: 3.600 Liter in der Sekunde. Bei sogenannten Jahrhundert-Hochwassern mit Pegeln um die 11,30 Meter wird zwar der rheinnahe Bereich überflutet, die Entwässerung des Hinterlandes jedoch bleibt gesichert. Erst ab katastrophalen 12,40 Metern muss sich auch dieses fortschrittliche Schutzzentrum den Naturgewalten beugen.

Die beste Besuchszeit des Pumpwerks beginnt mit der Dämmerung. Erst im Dunklen nämlich offenbart der Kubus von Architekt Kaspar Kraemer seine wahre Schönheit. Über ein integriertes Helligkeits-Messgerät wird dann ein virtuoses LED-System aktiviert. Dafür wurden gleichmäßig ausgesteuerte Leuchtdioden angebracht, die das Pumpwerk in den verschiedensten Farben illuminieren. Der besondere Clou: Die Farbentwicklung ist abgestimmt auf die Arbeit des Werkes, also auf die Höhe des Rheinpegels. Blau- und Grüntöne markieren einen normalen Wasserstand, Gelb verweist auf einen erhöhten und Rot auf ein echtes Hochwasser.

Adresse Ecke Gustav-Heinemann-Ufer und Schönhauser Straße | ÖPNV Bahn 16, Haltestelle Schönhauser Straße | Tipp Im Zusammenhang mit Hochwasser sind auch die entsprechenden Marken (siehe Seite 82) interessant.

51 Das Liebespaar
Küsschen in der Göttersiedlung

Den germanischen Götterhimmel Walhalla kennt man ja. Und ebenso Donar, den Gott des vom Himmel geschleuderten Gewitters. Beiden ist am Rande des Königsforst eine Straße gewidmet. Aber wer waren Iduna und Heimdall, dessen Straße mit einem imposanten Torbogenhaus aufwartet?

Die Göttersiedlung in Rath birgt so manches Geheimnis. Wer ihre Ursprünge kennenlernen möchte, spaziert am besten über die zentrale Wodanstraße, benannt nach dem Göttervater. Zu Anfang des 20. Jahrhunderts wurden hier noch Sand und Kies abgebaut. Ab 1922 entstanden dann unter Führung einer Siedlungsgenossenschaft die ersten Wohnhäuser. Samt und sonders handelte es sich um Doppelhäuser, die auf insgesamt 50 Hektar gesetzt wurden. So regelmäßig die Grundstücksparzellen, so rechteckig wurden auch die Straßen angelegt. Zu den zahlreichen Gebäuden, die in der Wodanstraße unter Denkmalschutz stehen, gehört auch die Nummer 57. Hier hat der Forstwirtschaftsmeister und Kunsthandwerker Meinolf Zavelberg eine auffällige Skulptur angefertigt. Direkt am Straßenrand stehen zwei elegante, modigliani-schlanke Figuren offenbar Mann und Frau. Das Interessante: Sie wurden mittels Motorsäge und Stemmeisen aus einem einzigen Stamm gefertigt – dem einer in die Jahre gekommenen Zeder. Entsprechend innig umarmen sich die beiden Liebenden. Die kleinere Frau hebt sich auf ihre Zehenspitzen, ein inniger Kuss scheint kurz bevorzustehen. Die Idee, sein grobes Waldwerkzeug »Kettensäge« auch zum Schnitzen zu benutzen, war Zavelberg einst in Nordamerika gekommen. Seitdem entstanden hunderte von Objekten.

Iduna gilt übrigens in der nordischen Mythologie als mannstolle Göttin der Jugend und der Unsterblichkeit. Der kräftige Heimdall wurde mit Erde, Meerwasser und Schweineblut großgezogen und soll über ein goldenes Gebiss verfügt haben. Dass die beiden sich einst küssten, ist allerdings nicht überliefert.

Adresse Wodanstraße 57, 51107 Köln | **ÖPNV** Linie 9, Haltestelle Königsforst (Endstation) | **In der Umgebung** Der Königsforst lädt zu einem anschließenden Waldspaziergang.

52 Die Lövenicher Höfe
Haus Közal, Odems-, Keuch- und Mertenshof

Dass man sich hier nicht in der Stadt, sondern auf dem Land befindet, belegt schon ein Blick auf die Karte. Lövenich schmiegt sich seit seiner Eingemeindung 1975 ans äußerste westliche Ende der Metropole. Entsprechend ruhig ging es hier auch über die Jahrhunderte zu, Lövenich war ein reines Bauerndorf. Und auch heutzutage prägen einige bis ins Mittelalter zurückreichende Höfe das Bild des Ortes.

Von Süden her gelangt man zunächst zum Keuchhof (früher auch: Keuschhof), einer geschlossenen Hofanlage. Sie entstand im 19. Jahrhundert auf der Basis eines weitaus älteren Gehöfts. Bemerkenswert ist vor allem das alte Herrenhaus, ein zweistöckiger Backsteinbau mit Walmdach. Zwar wird der Keuchhof inzwischen als Seminarzentrum geführt, aber einige Gebäudeteile des in den 1970ern noch arg verfallenen Ensembles sind als Restaurant und Gaststätte frei zugänglich. Auch der Weg durch die schmale Kirchgasse zum Lövenicher Gotteshaus unterstreicht noch einmal die rustikalen Ursprünge der Ortschaft.

Ein paar Meter gen Osten gelangt man in das weite Geviert des Odemshofes. Im Mittelalter bildete er in mancherlei Hinsicht das Zentrum von Lövenich. Hier wurde das Hofgericht abgehalten, und mehrere Lehnshöfe zeugen zudem vom materiellen Einfluss der Besitzer. Heutzutage werden unter einem weit vorkragenden Scheunendach tagsüber Obst und Gemüse verkauft. Das imposante Haupthaus sticht makellos weiß aus den dunkelbraunen Backsteinfronten heraus. Ebenfalls noch landwirtschaftlich betrieben wird der Mertenshof, der schräg gegenüber an der Moltkestraße liegt. Wie der Odemshof verfügt auch er über ein historisch gewachsenes und konserviertes Hofpanorama.

Ganz im Norden des alten Dorfes liegt schließlich das Haus Közal, das inzwischen in moderne Wohnungen parzelliert wurde. Direkt dahinter beginnt ein ausgedehntes Neubaugebiet mit heterogener, zum Teil sehr freier Architektur.

Adresse Haus Közal: Zaunstraße 59, Odemshof: Brauweiler Straße 16, Keuchhof: Am Keuchhof, Mertenshof: Moltkestraße 111 | **ÖPNV** Bahn S 12, Bus 141, 144, jeweils Haltestelle Bhf. Lövenich | **Tipp** Dem ersten Besitzer des Keuchhofes gehörte ursprünglich auch der Stüttgenhof am Äußeren Grüngürtel (siehe auch Seite 204).

53 Das Löwenhof-Relief
Gryns Kampf mit dem Untier

Das Bild mutet seltsam an: Bis zum Anschlag steckt der Menschenarm im Löwenrachen. Der arme Kerl hat keine Chance, denkt man spontan. Und doch wird es der Löwe sein, der am Ende stirbt.

Das Reliefbild über dem Löwenhof des Historischen Rathauses erinnert an die Legende um den tapferen Bürgermeister Hermann Gryn. Der Kölner Erzbischof hatte einen Löwen zum Geschenk erhalten, den er bei zwei Domherren in Obhut gab. Die beiden, geehrt durch diesen Vertrauensbeweis, wollten sich ihrem Herrn erkenntlich zeigen. Also luden sie dessen ärgsten Widersacher ein, den Bürgermeister Gryn, und schubsten ihn heimtückisch ins Löwenverlies.

Gryn jedoch, von Natur aus argwöhnisch gegenüber dem Klerus, hatte sich mit einem Schwert gewappnet. Geistesgegenwärtig stieß er dem Tier seinen mantelumwickelten Arm in den Rachen und bäuchlings zugleich das Schwert in den Leib. Tot brach der Löwe zusammen, und Gryn konnte entkommen. Im Wortlaut der alten Stadtchronik: »Also quam der burgermeister uis der noit und gink ungessen weder heim.« Die beiden Domherren hingegen wurden an der späterhin so genannten Pfaffenpforte, gelegen etwa an der Stelle der heutigen Tourismuszentrale, erhängt.

Die Geschichte von Hermann Gryn hat ihre mythologischen Wurzeln bei den beiden Bibelgestalten Daniel und Samson, die bekanntlich einschlägige Erfahrungen mit Löwen sammelten. Auch Gryns Schicksal gehört ins Reich der Legenden, einen Bürgermeister dieses Namens hat es in Köln nie gegeben. Was er den Bürgern damals jedoch ganz real bedeutete, liegt klar auf der Hand. Der Löwe, das war die weltliche Macht des Erzbischofs, und der tapfere Gryn stand für das erstarkende Selbstbewusstsein der Bürgerschaft. Seinen Kampf mit dem Löwen datieren Quellen ins Jahr 1262, und sechsundzwanzig Jahre später war es dann so weit: Die Schlacht von Worringen besiegelte die Kölner Reichsunmittelbarkeit und damit das Ende der unumschränkten Klerusherrschaft.

Adresse Rathausplatz | **ÖPNV** Bahn 1, 7, 9, Bus 133, jeweils Haltestelle Heumarkt; Bus 132, Haltestelle Rathaus | **Öffnungszeiten** Mo–Do 8–16, Fr 8–12 Uhr | **Tipp** Eine weitere Abbildung der Gryn-Legende findet sich direkt über dem Eingang des Historischen Rathauses, flankiert von Daniel- und Samson-Darstellungen.

54   Der Luftschiffanker
Kleines Relikt – große Geschichte

Der 5. August 1909 war kein gewöhnlicher Donnerstag. Ganz Köln war auf den Beinen, im Freien, auf Balkonen und Dächern, als um Punkt 10.24 Uhr das eintrat, was man seit Tagen mit Spannung erwartet hatte: LZ 5, das Luftschiff von Graf Zeppelin höchstpersönlich, tauchte am Kölner Himmel auf. Der Graf überflog Deutz und Mülheim und umkreiste sodann zweimal den Dom, bevor er nach Westen abdrehte. Zehn Minuten nach seiner Ankunft setzte er sein Pioniermodell in Bickendorf auf die Landebahn.

Bickendorf? – Genau, denn hier war wenige Tage zuvor die Kölner Luftschiffhalle eröffnet worden. Nach nur vier Monaten Bauzeit stand sie auf freiem Feld vor den Toren der Stadt. Wo sich heute das Hochhaus Nummer 20 des Industriegürtels an der Mathias-Brüggen-Straße befindet, ragte seinerzeit diese riesige Halle auf: 30 Meter hoch, 152 Meter lang und 50 Meter breit.

Vor besondere Probleme hatten die ausführenden Ingenieure die beiden riesigen Flügeltüren gestellt. Trotz des relativ leichten Materials – Wellblech nämlich – wogen sie 18 Tonnen und mussten auf Schienen und mithilfe eines elektrischen Antriebs bewegt werden. Drei Luftschiffe fanden für die nächsten Jahre dahinter Platz, aber schon 1918 war alles vorbei. Nach dem Ersten Weltkrieg wurde die Halle geplündert und verschwand von der Bildfläche.

Und von all diesen Ereignissen, von dieser Geschichte der Kölner Luftschifffahrt erzählt heutzutage nur noch ein unscheinbarer Betonklotz, der in einem schäbigen Gewächshaus auf einem Grünstreifen an der Mathias-Brüggen-Straße vor sich hindämmert. Nach oben hin läuft das rechteckige Gebilde konisch zu und mündet in eine große Eisenöse, an der ein verrosteter Ring hängt. An ihm, und damit löst sich das Rätsel, gingen Luftschiffe vor Anker, die wegen schlechten Wetters nicht landen und in die Halle einfahren konnten. Der Bickendorfer Luftschiffanker ist, so heißt es, der letzte seiner Art in ganz Europa.

Adresse Mathias-Brüggen-Straße 68, vor Colonia Spezialfahrzeuge | **ÖPNV** Bahn 3, 4, Haltestelle Wolffsohnstraße; Bus 139, Haltestelle Mühlenweg | **Tipp** An der Ecke Bahn- und Eichendorfstraße in Lövenich steht eine mit einer Informationstafel versehene Linde, die der Weidener Verschönerungsverein 1909 zu Ehren von Graf Zeppelin pflanzte.

55 Der Lysolphturm
Eine römische Insel im Stadtverkehr

Der Lysolphturm liegt wie eine Verkehrsinsel an der viel befahrenen Kreuzung von Nord-Süd-Fahrt und Komödienstraße. Es handelt sich allerdings um eine Insel, die zu einem Großteil Land unter hängt. Der Sockel dieses antiken Turmes liegt heutzutage nämlich einige Meter unter dem Straßenniveau, sodass man ein paar Stufen treppab steigen muss, um dorthin zu gelangen. Ursprünglich war das mächtige Bauwerk Teil der römischen Stadtmauer, die im Schnitt 7,80 Meter hoch und 2,40 Meter dick ausfiel. Der Lysolph- und die rund 20 weiteren Wehrtürme hatten einen Durchmesser von 9,20 Metern.

Die Insellage und die breiten Straßenschneisen ermöglichen dem Betrachter hier eine recht genaue Vorstellung vom Verlauf der alten Römermauer. Nach Westen hin sieht man die langgezogenen Reste hinter dem Stadtmuseum. Endpunkt war einst der bestens erhaltene Nordwestturm der Stadtbefestigung, der heute sogenannte Römerturm. Und nach Osten hin ahnt man anhand des dort in den Bürgersteig integrierten Fragments den weiteren Verlauf der Festungsanlagen zum Rhein hinunter.

Der ungewöhnliche Name des Turmes geht zurück auf eine Familie Lysolph, die den Turm im Mittelalter bewohnt haben soll. Aus »Lysolph« (oder »Lysolf«) entwickelte sich später »Lyskirchen«. So wiederum hieß eines der mächtigsten Patriziergeschlechter der Stadt, das seinen Sitz weiter südlich am Rhein hatte. Die romanische Kirche Maria Lyskirchen fußt auf der Familienkapelle, die erstmals 948 urkundlich erwähnt wird.

Der Lysolphturm wurde erst 1964 bei Bauarbeiten für die U-Bahn entdeckt. Weil er dieser im Weg stand, wäre er beinahe komplett abgetragen worden, aber die Denkmalschützer setzten sich letztendlich durch. Die Mauern wurden dabei allerdings zugunsten der Sichtverhältnisse für die Autofahrer bis auf eine Höhe von 3,90 Metern abgetragen.

Adresse Ecke Nord-Süd-Fahrt und Komödienstraße | **ÖPNV** Bahn 3, 4, 5, 16, 18, Haltestelle Appellhofplatz | **Tipp** Etwas weiter westlich liegt der Römerturm. Zweihundert Meter weiter südlich folgen an der Helenenstraße die Reste des Helenenturms.

56 Die Magistrale
Schiefe Bahn im Deutzer Rathaus

Es ist nicht leicht, sich mit diesem Gebäudekomplex anzufreunden. Zu gigantisch kommt er daher, zu unübersichtlich und vor allem: zu kalt und zu abweisend für ein Haus der Bürger. Schon die korrekte Benennung bereitet inzwischen Schwierigkeiten. Ursprünglich sprach man von der »Mantelbebauung« der KölnArena. Heutzutage schwankt man zwischen den Bezeichnungen »Technisches Rathaus« und »Stadthaus Deutz«.

Und dennoch findet sich auch hier ein Ort, der einen gewissen Charme verspürt, der über einen individuellen Charakter verfügt. Die sogenannte Magistrale, die Hauptstraße also, verbindet den Willy-Brandt-Platz 2 und 3. Tritt man hier von Westen her ein, steht man in einer lang gestreckten, kerzengeraden Halle, deren Boden nach Osten hin leicht ansteigt. Dominant sind die erdig rot gestrichenen, rechteckigen Betonsäulen, die das in rund acht Metern Höhe gelegene Dach stützen. Immer wieder sind kleine Durchgänge in diese Säulen eingelassen, ein Gestaltungselement, das sich draußen, parallel zum Gebäude, als Treppenkorridor wiederholt. Südwärts öffnen sich Verwaltungsflure, immer wieder abgelöst von zwar begrünten, aber recht trist und lichtlos wirkenden Innenhöfen. Auch das »Henkelmännchen«-Restaurant, benannt nach der Henkeltopf-Form der KölnArena, liegt hier.

Die Nordseite der Magistrale ist in eine lange Reihe von Kojen gegliedert. Hier finden regelmäßig Veranstaltungen statt, und hier ist Platz für wechselnde Kunstausstellungen. Oft sind es Werke, die das Zusammenleben vieler Menschen thematisieren oder die sich mit Architektur beschäftigen, Bereiche also, die sich um das soziale Miteinander in der Großstadt drehen. Dauerhaft installiert wurde 2006 ein interaktives Modell des Kölner Hochwasserschutzes, mit dem verschiedene Hochwasser-Szenarien durchgespielt werden können. Die 50 Quadratmeter große Miniaturlandschaft war ursprünglich für die EXPO 2000 entwickelt worden.

Adresse Willy-Brandt-Platz 2 und 3 | **ÖPNV** Bahn 1, 3, 4, 9, Haltestelle Bahnhof Deutz | **Öffnungszeiten** Mo, Mi, Do 8–16, Di 8–18, Fr 8–14 Uhr | **Tipp** Köln verfügt über gleich drei Rathäuser. Besichtigenswert sind auch das Historische Rathaus und der gegenüberliegende Spanische Bau in der Altstadt.

57 Die Malzdarre
Biergerste aus Ehrenfeld

Die Hospeltstraße sticht nicht gerade heraus aus der Vielzahl historisch bedeutender Straßen in Ehrenfeld. Vereinzelte Lagerhallen verweisen auf die Industriegeschichte des Vororts, verschiedene kleine Backsteinhäuser auf die analoge proletarische Vergangenheit. Außerordentlich imposant wirkt vor diesem Hintergrund das Haus Nummer 32. Ein wuchtiger Bau aus rotem, sandgelb ornamentiertem Backstein, der nach oben hin in einen großen Schornstein ausläuft. Mit seinen schießschartenartigen Fenstern erinnert er im ersten Moment an einen Hochbunker. Aber mit Krieg und Knarren ist man hier gänzlich auf der falschen Fährte, handelt es sich bei diesem Gebäude doch um eine ehemalige Malzdarre.

Erstmals erwähnt wird die Ehrenfelder Mälzerei in einem Dokument aus dem Jahr 1899. Eigentümer waren zunächst der Kohlenhändler Gottfried Zepp und der Malzmeister Philipp Schellenberg. In der Hospeltstraße wurde seitdem also Gerstenmalz hergestellt, einer der bekanntlich vier Grundstoffe des Biers. Um Gerste zu Malz zu verarbeiten, wird das Getreide zunächst einige Tage geweicht, also mit Wasser getränkt, um sodann bis zu einer Woche zu keimen. Dabei entstehen im Korn Enzyme. Das Darren, von dem die Ehrenfelder Fabrik ihren Namen hat, bezeichnet den anschließenden Trocknungsprozess. Dafür wird das Getreide auf einem engmaschigen Drahtbett ausgebreitet und von unten mit heißer Luft durchströmt. Auf der Darre entwickelt das gekeimte Malz seine Farb- und vor allem die für das Endprodukt so wichtigen Aromastoffe. Außerdem sorgt das Darren für die Haltbarkeit und damit Lagerfähigkeit des Malzes.

Die Mälzerei an der Hospeltstraße, so viel ist bekannt, wurde bereits in den 1930er Jahren stillgelegt und diente hernach als Lagerstätte. Von 1990 bis 1992 wurde das attraktive Gebäude schließlich umgebaut, und es entstanden jene großzügigen Büros, die hier auch heute noch existieren.

Adresse Hospeltstraße 32 | **ÖPNV** Bahn 3, 4, Haltestelle Leyendeckerstraße | **Öffnungszeiten** Das Gebäude betritt normalerweise nur, wer in den Büros zu tun hat. | **Tipp** Ganz in der Nähe, an der Ecke Venloer und Christianstraße, befindet sich die Braustelle, Kölns kleinste Brauerei. Der Braukessel steht direkt in der Schankstube.

58   Die Marx-Plakette
Ein revolutionäres Andenken am Heumarkt

Im Sommer 1992 heckten einige Redakteure des Monatsmagazins »Kölner StadtRevue« einen in der Folge Wellen schlagenden Scherz aus. Während überall in der Ex-DDR die Marx-Büsten vom Sockel gestürzt wurden, riefen sie zur Gründung einer »Bürgerinitiative für die Aufstellung eines Karl-Marx-Denkmals in Köln« auf. Parallel dazu eröffnete man sogleich die Diskussion um den geeigneten Standort. Sämtliche Lokalpolitiker und Verwaltungsspitzen fielen darauf herein und taten mit.

Aber warum auch nicht?, muss man fragen. Denn schließlich lebte und wirkte dieser weltberühmte Philosoph, Autor und Journalist während zweier höchst bedeutender Perioden genau hier, im katholischen Köln am Rhein. Im September 1842 übernahm er die Chefredaktion der »Rheinischen Zeitung für Politik, Handel und Gewerbe«. Das Blatt verdankte sich einer Initiative aus den Reihen des liberalen städtischen Bürgertums. Aber der vierundzwanzigjährige Jungmann aus Trier verschärfte den Ton, sodass die Zeitung bereits im April 1843 auf Befehl der Berliner Regierungsbehörden eingestellt werden musste.

Marx musste Köln verlassen, kehrte aber samt Spannmann Friedrich Engels im Revolutionsjahr 1848 zurück. Das Blatt wurde relauncht, politisch noch einmal verschärft und erschien nun als »Neue Rheinische Zeitung« und mit Marx als Herausgeber. Das Duo hatte auch erwogen, in Berlin zu wirken, aber »wir mussten eben nach Köln gehen«, schrieb Engels im Nachhinein. Die Stadt sei damals »in jeder Beziehung der fortgeschrittenste Teil Deutschlands« gewesen. Und dennoch: Zum 18. Mai 1849 wurde Marx polizeilich aus Köln ausgewiesen und die NRZ verboten.

Und mit dem veritablen Marx-Denkmal aus Ostblockbeständen wurde es leider auch nichts. Stattdessen erinnert nun seit 1998 eine Plakette am Heumarkt an jene Stelle, an der hundertfünfzig Jahre zuvor die Redaktionsräume des Revolutionsblattes gelegen haben.

Adresse Heumarkt 65 | **ÖPNV** Bahn 1, 7, 9, Bus 132, 133, jeweils Haltestelle Heumarkt | **Tipp** Marx wurde auch eine der 124 Figuren am unfernen Rathausturm gewidmet. Seiner Kölner Zeit entsprechend hält er eine Ausgabe der NRZ in der Hand.

59 Die Meilensteine
Preußische Zeugnisse in Ostheim und Höningen

Meilensteine, im Fachjargon »Postmeilensteine«, wurden in Deutschland ab dem 18. Jahrhundert aufgestellt. Landauf, landab gestalteten sie die örtlichen Steinmetzen in verschiedenen Formen und Größen. Je nach Region variierte natürlich auch der Stein, aus dem sie gemeißelt wurden. Zunächst dienten sie tatsächlich der Post, die ihre Kutschenentgelte zur Beförderung von Briefen oder Personen von der Entfernung abhängig machte. Später, mit dem zunehmenden Bau von Chausseestraßen und stärker werdendem Verkehr, fungierten sie auch als frühe Hinweisschilder, die Angaben zu Orten und Entfernungen lieferten.

Wurden anfangs auch Viertel- und Halbmeilensteine aufgestellt, so installierte man bald nur noch Ganzmeilensteine. Eines von sieben verbliebenen Exemplaren findet sich an der Ecke Frankfurter und Bensheimer Straße in Ostheim. Der Obelisk aus Trachytgestein wurde 1818 aufgestellt, und zwar 7.532,48 Meter vom Stadtmittelpunkt entfernt. Das entspricht genau einer preußischen Meile. Aufgrund des weichen Gesteins und der mangelhaften Pflege ist dieser Meilenstein stark verwittert, der preußische Adler am oberen Abschluss erinnert eher an ein gerupftes Huhn. »Coeln 1 Meil«, lautet die Inschrift, seitdem das letzte »e« einer missglückten Restaurierung zum Opfer gefallen ist.

Noch etwas schlechter ist es um den Ganzmeilenstein an der Brühler Straße in Höningen bestellt. Rund um das nur rudimentär zu erkennende Adler-Medaillon ist zu lesen: »Regierungs=Bezirk Cöln« (oben) und »Trier Cöln« (unten). Der Schaft erklärt noch einmal, wohin diese Chaussee führt: »Cöln Trierer Bezirksstraße«. Alles andere ist nicht zu entziffern.

Mit der Einführung des metrischen Systems in Deutschland (1872–1875) verloren die Meilensteine ihre verkehrstechnische Bedeutung. Manche wurden noch umgesetzt und mit Kilometerangaben versehen, viele verfielen.

Adresse Ecke Frankfurter und Bensheimer Straße in Ostheim; Brühler Straße knapp südlich der Kapellenstraße in Höningen | **ÖPNV** Ostheim: Bahn 9, Haltestelle Ostheim; Höningen: Bus 131, Haltestelle Am Steinneuerhof | **Tipp** Der Trip nach Ostheim läst sich bestens mit einem Besuch des Gremberger Wäldchens verbinden.

60 Das Milchmädchen
Poller Geschichte am Efeuplatz

Schmale, archaisch-dörfliche Gassen führen von der Siegburger Straße oder dem Rolshover Kirchweg in ein pittoreskes Wohnviertel. Manche dieser Furten hin zum Efeuplatz werden gar von gemauerten Torbögen überwölbt. Der Platz selbst bildet ein kleines Karree, bestanden von ein paar Bäumen, Büschen und Bänken. Der Eindruck von Bescheidenheit und Idylle wird noch verstärkt durch die umstehenden Häuser – über dem flachen Parterre beginnt sofort das spitz zulaufende Dach. Und am Ostrand des Areals findet sich jene ungewöhnliche Skulptur, die den Poller Milchmädchen ein Denkmal setzt.

Poll war bis ins 20. Jahrhundert hinein der Kölner Lieferant für zwei überaus wichtige Lebensmittel: Milch und Fisch. Der Fluss garantierte saftige Wiesen für die Viehzüchter und gute Erträge für die Angler. Besonders beliebt waren die Maifische, eine Heringsart, die zur Eiablage rheinaufwärts schwamm. Im Umlauf war für sie auch der Spitzname »Poller Prinzen«. Und es waren die sogenannten Milchmädchen, die diese Produkte per Eselskarren und Fähre in die große Stadt auf der anderen Rheinseite, zum Alter, Heu- oder auch Fischmarkt transportierten.

Die Plastik am Efeuplatz stammt aus dem Jahr 1922. Sie zeigt ein sehr realistisch erschöpftes, bäurisches Mädel mit grobem Rock und Kopftuch. In beiden Händen trägt sie recht große Milchkannen, die ihre Mühsal unterstreichen. Den Sockel ziert ein Fisch, während im Rücken der Figur ein Esel steht – Hinweis auf ein etwas bequemeres Beförderungsmittel der Kannen. Neben der Huldigung der Milchmädchenzunft durch diese Skulptur findet sich ein paar Meter weiter südlich eine ganze Siedlung zu ihren Ehren. Gleich unterhalb des Südbrücken-Bahndamms lauten die Straßen auf Namen wie »Im Butterfeld«, »In der Kanne« oder direkt »Zum Milchmädchen«. Die Idee hierfür stammte vom Poller Pastor Paul Milde, dem in der Siedlung eine eigene Straße gewidmet ist.

Adresse Efeuplatz | **ÖPNV** Bahn 7, Haltestelle Raiffeisenstraße | **Tipp** Es bietet sich an, dem Rheinufer, also dem Arbeitsplatz der Milchmädchen, einen Besuch abzustatten. Thematisch verwandt ist auch der Feschwiever-Brunnen in der Altstadt.

61 Die Millionenallee
… und das Denkmal des Hänneschen-Gründers

Der Name »Millionenallee« entstammt dem Volksmund; wann er sich einbürgerte, ist nicht bekannt. Geographisch bezeichnet er die Ost-West-Achse des Melatenfriedhofs, die von der Piusstraße zum Gürtel führt. Und was darüber hinaus damit gemeint ist, sagt der Name selbst: An der Millionenallee liegen die pompösesten, monumentalsten und teuersten Gräber dieses ohnehin schon prominentesten Kölner Totenackers. All diese Mausoleen und terrassenartigen Freiflächen wurden offensichtlich mit dem Blick auf ganze Familiendynastien angelegt, wobei ein Hang zu neogotischen Bögen und Türmchen unübersehbar ist.

Einen winzigen Abstecher sollte man an der Ecke Weg G auf den Weg F machen, das ist direkt gegenüber dem Areal der Bestatterfamilie Kuckelkorn. Dort nämlich steht das Denkmal eines Mannes, dessen Name weithin vergessen ist, dessen Lebenswerk diese Stadt jedoch bis heute prägt: Johann Christoph Winters (1772–1862), der umtriebige Begründer des Hänneschen-Theaters. Der Bonner Schneider war vermutlich auf der Walz in Flandern erstmals mit dem Puppenspiel in Berührung gekommen. Im Jahr 1800 heiratete er in eine Kölner Familie ein, zwei Jahre später stellte er in einem Bittbrief an den Bürgermeister den Antrag, ein Krippenspiel für Kinder einzurichten. Um 1823, zur Zeit des ersten Rosenmontagszugs, spielten auf Winters' Bühne bereits all jene Figuren, die man bis heute kennt: von Hänneschen und Bärbelchen über den Speimanes bis zur Marizebell.

Winters wurde nach seinem Tod vermutlich in einem Armengrab bestattet, das in der Nähe der heutigen Millionenallee lag. Als man im Jahr 2002 den 200. Geburtstag seines Theaters feierte, schuf der Bildhauer Stefan Kaiser diese anrührende Erinnerungsstätte. Der Mann mit dem sympathischen Gesicht und dem fülligen Körper wird von Tünnes, Schäl und den anderen getragen, die wiederum zwischen den schiefen Knollendorfer Häuschen stehen.

Adresse Ost-West-Achse des Melatenfriedhofs, Eingang Piusstraße | www.melatenfriedhof.de | **ÖPNV** Bahn 1, 7, Haltestelle Universitätsstraße; Bus 142, Haltestelle Innere Kanalstraße | **Öffnungszeiten** April–Okt. 7–20, Nov.–März 8–17 Uhr | **Tipp** Die berühmte Grabfigur des Sensenmannes findet sich zwischen den Fluren 82 und 76 B.

62 Der müde Funk
Vom schlafenden Stadtsoldaten an der Ulrepforte

Bis heute hält sich hartnäckig das Gerücht, die Kölner Funken seien als Parodie der preußischen Militärs entstanden. Dies kann jedoch schon deshalb nicht sein, weil die Preußen erst in nachnapoleonischer Zeit, also im frühen 19. Jahrhundert, über das Rheinland herrschten. Die Geschichte der Funken jedoch beginnt bereits 1660, und sie endet 1794, also mit dem Einmarsch des französischen Revolutionsheeres. Natürlich gingen in den Karneval später auch Elemente der Preußenverhohnepipelung ein, aber die ursprüngliche Zielscheibe des Funkenspotts waren die eigenen, meist urkölnischen Stadtsoldaten.

Die Ulrepforte ist heute das Quartier der 1823 gegründeten Roten Funken, der ältesten Kölner Garde. In einem Mauerbogen lehnt dort ein von Willi Neffgen geschaffener bronzener Stadtsoldat, auf seine Knabüüs gestützt und im Stehen schlafend. Neuere Studien belegen, dass das Kölner Heer lange Zeit durchaus eine Elitetruppe darstellte, mit harter Grundausbildung und noch härterem Strafkatalog. Erst im letzten Drittel des 18. Jahrhunderts verfielen die Sitten dann derart, dass sich das bis heute gültige Image entwickelte. So heißt es etwa in einem Buch des Kölner Journalisten Helmut Signon: »Die abgezehrten, meist alten, müden und leicht bedusselten Komissköppe wurden herumgeschubst und verspottet. Ihre Dummheit war sprichwörtlich, und ihr armseliges Duldertum äußerte sich im Strümpfestricken, während das Gewehr traurig an der Wand lehnte.« Tatsächlich soll so mancher einfache Soldat seinen kargen Lohn mit dem Stricken von Fußwärmern aufgebessert haben.

Dass sie der Kölner Nachwelt recht negativ in Erinnerung blieben, mag auch an ihrem allerletzten »Einsatz« liegen. Als am 5. Oktober 1794 die Franzosen vor die Mauer zogen, ward keiner von ihnen gesehen. Köln, die über Jahrhunderte bestbewehrte Stadt Europas, öffnete der Übermacht seine Tore und wurde kampflos besetzt.

Adresse Ulrepforte | **ÖPNV** Bahn 15, 16, Haltestelle Ulrepforte | **Tipp** Der Turm der Ulrepforte entstand gegen Ende des 14. Jahrhunderts als Mühlturm. Reste der Stadtmauer ziehen sich von hier bis zum Sachsenring.

63 Die neogotischen Arbeiterhäuser

Backstein an der Schulze-Delitzsch-Straße

Anfang des 19. Jahrhunderts hatte die deutsche Romantik das Interesse am Mittelalter geweckt. Bald darauf erwuchs daraus die Neogotik, eine vornehmlich in der Architektur virulente Stilrichtung, die man nach ihrem Ursprung in Niedersachsen auch als Hannoversche Schule bezeichnet. Als Gründungsvater gilt der Architekt und Professor Conrad Wilhelm Hase.

Es war diese nationalistisch ausgerichtete Wiedergeburt der Gotik, die Köln 1842 den Weiterbau des Doms bescherte. Schließlich waren es vor allem Kirchen, Rathäuser und andere öffentliche Gebäude, die in dieser Manier geplant wurden. Daneben entstanden jedoch auch Profanbauten, und für diese gibt die Arbeitersiedlung in Raderthal ein sehr schönes Beispiel ab.

Die Häuser 75–95 und 78–104 an der Schulze-Delitzsch-Straße wurden zwischen 1899 und 1903 im Auftrag der Gemeinnützigen Baugenossenschaft Köln-Süd gebaut. Die Pläne dafür stammten von Eduard Endler (1860–1932), einem Hase-Schüler. In Raderthal griff er einige zentrale Elemente der Neogotik auf, zu denen nicht zuletzt die Verwendung von Backstein zählt. Es war einer der Leitgedanken der Hannoverschen Schule, heimische Materialien wie Sandstein oder eben Ziegel zu verbauen.

Statt für eine eintönige Reihenhauszeile entschied sich Endler in Köln für eine jeweils individuelle Gestaltung. So gleicht nun keine Fassade der anderen, und auch die Giebelformen wechseln von Haus zu Haus. Charakteristisch war für die Backsteingotik auch das Fehlen figurativer Verzierungen, die mit diesem Material nicht möglich gewesen wären. Stattdessen treten ornamentale, geometrische Strukturen in den Vordergrund. Dass sie vor allem seitlich der Eingänge oft spitz nach oben zulaufen, ist ebenfalls der Gotik mit ihrem Hang zu Spitzbögen und Zinnen geschuldet.

Adresse Schulze-Delitzsch-Straße | **ÖPNV** Bahn 12, Haltestelle Zollstock/Südfriedhof; Bus 133, Haltestelle Liblarer Straße | **Tipp** Das gesamte Areal rechts und links der Markusstraße entstand durch genossenschaftliches Engagement. Ungewöhnlich ist der als Sackgassenende gestaltete Brühler sowie der Markusplatz.

64 Das Niehler Dömchen
Alt St. Katharina und das Fischerdorf

Die rundum laufende Mauer wurde kurz nach 1784 errichtet, dem Jahr des schlimmsten Kölner Hochwassers seit Menschengedenken. Schon der Anblick von außen hat etwas ausgesprochen Idyllisches: Man sieht den Fluss, die Häuschen des alten Fischerdorfes Niehl und eben diese kleine, hinter der Mauer versteckte Kirche. Hinter dem Tor wird die Beschaulichkeit noch durch die Ruhe befördert, in die man hier eingetreten ist. Und der Bau mit seinem geduckten Viereckturm und uralten Gemäuer tut ein Übriges.

Das Niehler Dömchen gehört von seiner Entstehungsgeschichte her zu den kleinen romanischen Kirchen der Stadt. Wie bedeutend es einst war, daran erinnert noch heute der Nippeser Straßenname »Niehler Kirchweg«. Denn lange Zeit war Alt St. Katharina das einzige Gotteshaus der Umgegend, und auf seinem Kirchhof wurden auch die Verstorbenen aus Nippes und Mauenheim beigesetzt. Nicht zuletzt deshalb wurde das Gebäude schon im 13. Jahrhundert aufwendig umgeformt und dem Zeitgeschmack angepasst. Nachdem das südliche Seitenschiff abgerissen war, entstand das Mittelschiff samt Chor in der bis heute bestehenden gotischen Form.

Zu den wertvollsten Schätzen der Kirche zählt die Kanzel. Sie zeigt ein Bild der heiligen Katharina und die Jahreszahl 1622. Die gekrönte Madonna neben dem Altar stammt aus dem 16. Jahrhundert, und eine Skulptur des Abendmahls wird auf die Zeit um 1430 datiert. In angenehmem Kontrast dazu stehen die modernen Chorfenster von Vincenz Pieper (1978).

Der kleine Kirchhof wird dominiert von einem zentralen Kriegerdenkmal aus preußischer Zeit. Unter dem Reichsadler, der Pickelhaube und gekreuzten Säbeln wird unter anderem der Toten aus der Schlacht bei Königgrätz im Jahr 1866 gedacht. Zum Rhein hin steht hingegen der letzte erhaltene Grabstein des Areals. Er erinnert an Engelbert Denhoven, von 1812 bis 1826 erster Bürgermeister von Longerich.

Adresse Ecke Sebastianstraße und Niehler Damm | **ÖPNV** Bahn 12, Haltestelle Niehl; Bahn 16, Haltestelle Niehl/Sebastianstraße | **Öffnungszeiten** Erfragt man am besten im Pfarrbüro: Tel. 0221/743549, pastoralbuero@mauniewei.de. | **Tipp** Über die Sebastianstraße gelangt man auch zu Neu St. Katharina (19. Jahrhundert).

65 Das Notariatsportal
Denkmal für ein unbekanntes Haus

Am südwestlichen Ende des Appellhofplatzes treffen die Neven-DuMont-Straße und die Kupfergasse aufeinander. Die gläsernen Gebäude des WDR enden hier, kontrastiert durch eine Reihe alter Häuschen, die der Ecke ein Flair von Klein-Paris geben. Und mitten auf dem Trottoir, einsam, scheinbar deplaziert und schräg zu allen Gebäuden und Straßenfluchten, steht dort ein Torbogen aus rötlichem Sandstein.

Was macht der da?, fragt man sich spontan. Denn dass es sich hier nicht um ein übliches römisches oder wenigstens mittelalterliches Relikt handelt, ist auf den ersten Blick klar. Nein, hier hat offenbar der Historismus seinen Einfluss geltend gemacht, und ein dezent am Mauerwerk angebrachtes Schild gibt weiteren Aufschluss. Dieses Portal, so steht dort zu lesen, gehörte einst zum Haus Appellhofplatz 20, erbaut wurde es in den Jahren 1905–10. Die klassizistische Ausformung des Eingangs entsprach vermutlich dem Anspruch derer, die dort hindurchschritten, befand sich hier doch das Notariat August Wilhelm Decker. Empfangen wurden seine Kunden von zwei aus dem Mauerwerk wachsenden Figuren: zur Linken ein Schiffer mit stilisiertem Schiffsbug, zur Rechten ein Hirte mit seinem Stab. Beide sind so edel wie schlicht gestaltet, mit lediglich angedeuteten Muskeln und Sehnen, und blicken ernsthaft in die Ferne.

Das Ende des dazugehörigen Hauses kam 1966. Der zehn Jahre zuvor gegründete Westdeutsche Rundfunk breitete sich immer weiter aus, für seine Erweiterungsbauten musste das Haus Nummer 20 abgerissen werden. Lediglich der Eingang wurde an gleicher Stelle wiederaufgestellt. Heutzutage haftet diesem Portal, diesem ungefüllten Rahmen etwas Erratisches, auch etwas Kurioses an: Hier steht ein Denkmal für ein Haus, das in keinem Reiseführer verzeichnet ist, das keinerlei stadthistorische Relevanz hat und von dem es anscheinend auch kein einziges Foto gibt.

Adresse Ecke Neven-DuMont-Straße und Kupfergasse | **ÖPNV** Bahn 3, 4, 5, 16, 18, Haltestelle Appellhofplatz | **Tipp** Gleich gegenüber liegt die Kirche St. Maria in der Kupfergasse mit ihrer Barock- und Rokoko-Ausstattung sowie der Schwarzen Mutter Gottes als Höhepunkt (siehe auch Seite 186).

66 Der Nüssenberger Busch
Ältester Laubwald im Linksrheinischen

Auch Wälder setzen Patina an. Im Nüssenberger Busch glaubt man tatsächlich zu spüren, dass man hier einen der letzten Restbestände des Kölner Naturwaldes betritt, eines Gebietes also, das nie gerodet wurde. Der Laubwald im nördlichen Bocklemünd blickt auf mindestens zweihundert Jahre ungestörten Wachstums zurück und ist damit zusammen mit Teilen des Chorbuschs linksrheinisch der älteste seiner Art. Neben Eichen sind es vor allem die mächtigen Buchen, die diesem Wald seine Aura verleihen. Buchentypische glatte Borke überzieht die kräftigen Stämme, die sich in wie riesenhafte Muskelstränge mäandernde Äste auswachsen. Nicht umsonst ist das Revier rund um die »große Wiese«, wie Bocklemünder sie nennen, inzwischen als Landschaftsschutzgebiet ausgewiesen.

Auf eine noch deutlich ältere Geschichte blickt der Nüssenberger Hof am Ostrand des Geländes zurück. Hier stand bereits zu römischer Zeit eine Hofanlage, deren Besitzer Magninius geheißen haben soll. Aus dem Namen entwickelte sich später der des Ortsteils Mengenich. Seinen Wohlstand verdankte Magninius wahrscheinlich dem Handel mit Ziegeln, das legen die zahlreich auf dem Hof gefundenen Brandsteine nahe. Im Jahr 941 gelangte der Hof durch erzbischöfliche Übertragung in die Hände des Cäcilienstifts, siebenhundert Jahre später hatten hier die Dominikaner das Sagen. Unter der Ägide der Stadt Köln schließlich verfiel die großzügige Anlage beinahe zur Ruine, bevor sich ein privater Restaurator fand. Heute präsentieren sich die Gebäude in altem Glanz und fungieren als Pension.

Ebenfalls in Randlage des Naturschutzgebiets liegt ein Teil des ehemaligen äußeren Festungsrings aus der Preußenzeit. Nach dem Ersten Weltkrieg diente das Zwischenwerk III b viele Jahre als Waldschule, ist jedoch in seinen wesentlichen Teilen erhalten geblieben. Gut auszumachen sind etwa noch der Vorbau mit dem Hauptportal und die ehemalige Kaserne.

Adresse Zwischen Militärring, Buschweg und A1 | **ÖPNV** Bus 127, Haltestelle Schumacherring; Bus 139, Haltestelle Mathias-Brüggen-Straße | **Tipp** Im südlichen Bocklemünd liegt das Gelände des WDR mit seinen zahlreichen Studios, östlich schließt sich der Westfriedhof an den Stadtteil an.

67 Der Ölhafen
Naturschutz, Autos und Kraft-Wärme-Kopplung

Eines von Kölns verstecktesten Naturschutzgebieten liegt am Ölhafen Niehl II, im äußersten Süden von Merkenich. Schon der Weg hierhin konfrontiert den Ausflügler mit spektakulären Kontrasten. Kilometerlang, so scheint es, fährt man auf der Emdener Straße zwischen den Fordwerken, Chemieanlagen und zahllosen Zulieferfirmen immer gen Norden, bevor endlich einmal ein Weg, eine unscheinbare Schneise zum Rhein hinunterführt. Auch der Ivenshofweg beginnt als Industriestraße, plötzlich jedoch, gegenüber vom Umspannwerk, tauchen ein paar Mietskasernen auf. Und hinter der nächsten Biegung, man glaubt es kaum, befindet man sich zwischen einem Fußballplatz und einer ausgedehnten, grünen Pferdeweide.

Genau hier beginnt auch das kleine Naturschutzgebiet. Aus einer wassergetränkten Auenlandschaft erhebt sich ein bunter, wild wachsender Mischwald. Kleine Trampelpfade führen an zahlreichen Stellen hinunter zum Rheinufer. Wer bis zum äußersten Südzipfel des Wäldchens vordringt, landet am Eingang zum Ölhafen. Genauso gut überblickt das Hafengelände, wer von vornherein der Beschilderung zur Feuerwehrzufahrt folgt. Heutzutage werden die Docks vor allem von den Fordwerken genutzt, die von hier aus ihre frisch gefertigten Autos auf den Verteilerweg bringen. Fast immer liegt eines der großen Spezialschiffe vor Anker, die auf mehreren Parkdecks bis zu tausend Autos aufnehmen können.

Über allem thront der himmelhohe Turm des 2005 in Betrieb genommenen Heizkraftwerkes. Auf der Basis modernster Gas- und Dampfturbinentechnik werden hier bis zu eine Million Haushalte mit Strom und rund 300.000 mit Fernwärme versorgt. Genau auf dieser Höhe beginnt übrigens auch der Rhein die Grenze nach Leverkusen zu bilden. Nach Osten hin blickt man nicht mehr auf Kölner Stadtgebiet, sondern auf die weitläufigen Anlagen der Bayer AG.

Adresse Zwischen Fuhligsweg und Ölhafen | **ÖPNV** Bahn 12, Haltestelle Fordwerke Nord | **Tipp** Die Rheinenergie bietet hin und wieder Betriebsbesichtigungen durch das Heizkraftwerk Niehl II an. Informationen unter www.rheinenergie.com.

68 Der Optische Telegraph
Ein Flittarder Nachrichtensender

Die Optische Telegraphie war ein Fernmeldesystem aus der ersten Hälfte des 20. Jahrhunderts. Das Prinzip gestaltete sich so einfach wie einleuchtend: An einem Mast wurden mehrere bewegliche Flügelbretter angebracht, die wie ein Lotse Zeichen übermittelten. Der Telegraphenturm in Flittard war die 50. Station auf der Strecke Berlin–Koblenz, die von 1833 bis 1849 betrieben wurde. Über die Entfernung von 550 Kilometern waren insgesamt 62 solcher Masten verteilt, deren jeweils sechs Flügel 4.096 verschiedene Positionen ermöglichten.

Die Linie war ursprünglich ausschließlich staatlichen, vor allem militärischen Nachrichten vorbehalten. Einer ausgedehnteren Nutzung war das System nicht zugänglich, die Grenzen liegen auf der Hand: Telegraphiert werden konnte nur bei Tageslicht, sodass die Betriebszeit im Winter auf wenige Stunden beschränkt blieb. Dabei muss man bedenken, dass jedes Zeichen zunächst von der vorherigen Station abgelesen und sodann per Hand und über Seile einzeln nachgestellt werden musste. Kam irgendwo Nebel auf, stockte der Nachrichtenverkehr. Auf diese Art kamen für die Strecke Berlin–Köln Sendezeiten von 1,5 Stunden für 30, aber auch einmal 13 Stunden für 210 Wörter zustande. Rund dreimal so lange brauchten internationale Depeschen, die etwa vom Pariser Telegraphen aus nach Metz gelangten und von dort per Bote nach Koblenz befördert wurden, bevor sie die preußische Telegraphenleitung auf den Weg nach Berlin brachte.

Der Optischen Telegraphie war kein langes Leben beschieden. 1794 erfunden, versetzte ihr die elektrische Telegraphie schon ein halbes Jahrhundert später den Todesstoß. Der Flittarder Turm war ursprünglich ein Stockwerk höher und ist nach jahrzehntelangem Verfall in den 1960er Jahren wiederhergestellt worden. Seinen originalgetreuen Signalmast fertigte die Lehrwerkstatt eines Bundesbahnausbesserungswerkes.

Adresse Egonstraße 152 | ÖPNV Bus 151, 152, Haltestelle Am Feldrain | Öffnungszeiten Der Turm ist nur an Tagen des offenen Denkmals zu besichtigen. | Tipp Die nächste Telegraphenstation stand auf dem Westwerk von St. Pantaleon (siehe auch »111 Kölner Orte«, Band 1).

69 Das Overstolzenhaus
Patrizier und Postmoderne

Das Overstolzenhaus entstand um 1230 und ist damit der einzige übrig gebliebene Profanbau der Romanik. Alle anderen Exemplare jener Epoche wurden spätestens im 19. Jahrhundert abgerissen. Das prächtige Gebäude an der Rheingasse hingegen verfügt wie eh und je über einen Keller, zwei großzügige Wohn- und vier Speichergeschosse. Typisch für den Zeitgeschmack ist der stufenförmig aufgebaute Giebel, ein Gestaltungselement, das uns allerdings in den Sakralbauten jener Epoche nicht begegnet.

Die Overstolzen waren seinerzeit eine der einflussreichsten Familien der Stadt. Einen Eindruck von der damaligen Innenausstattung gewinnt man direkt rechts hinter der Tür zum Treppenhaus. Dort nämlich sind noch rund zwei Quadratmeter der ursprünglichen Wandbemalung erhalten. Abgebildet ist ein Ritterturnier, deutlich erkennt man im oberen Bereich die beiden geharnischten Recken, die mit langen Lanzen aufeinander zupreschen. Möglicherweise handelt es sich hier sogar um eine Art frühes Fotoalbum. Denn Patrizierfamilien wie die Overstolzen nahmen seinerzeit an solchen festlichen Turnieren teil, die für gewöhnlich auf dem nahen Alter Markt stattfanden.

Während im Parterre gewohnt wurde, befand sich im ersten Obergeschoss solcher Häuser ein repräsentativer Empfangssaal. Auch hier reicht die Deckenhöhe bis an die sechs Meter – durchaus beeindruckend, aber wahrscheinlich auch schwierig zu beheizen.

Achthundert Jahre später werden die Räume von den Studenten der Kunsthochschule für Medien genutzt. Einen Sprung vom Mittelalter in die Postmoderne macht man mit dem Eintritt in die Bibliotheksräume der KHM. Hier ist von Schiller über Adorno bis Bourdieu alles auf Lager, was sich je zu Kunst und Medien geäußert hat. Und wer das Treppenhaus noch bis unters Dach erklettert, stößt dort auf einen Wandschmuck mit geradezu kölnisch-visionärem Charakter: einen ins Mauerwerk eingelassenen Geißbock.

Adresse Rheingasse 8 | **ÖPNV** Bahn 1, 7, 9, Bus 132, 133, jeweils Haltestelle Heumarkt | **Öffnungszeiten** Semester: Mo–Do 10–18, Fr 10–15 Uhr; vorlesungsfreie Zeit: Mo–Do 13–16, Fr 13–15 Uhr | **Tipp** Das Laubenganghaus Nr. 43 im nahen Filzengraben (frühes 14. Jahrhundert) gilt als das letzte seiner Art in Köln.

70 Der Pariser Platz
Die Faszination des Scheiterns

Vielleicht ist es das Scheitern, das Scheitern einer Idee, das Orten wie dem Pariser Platz ihre Faszination verleiht. Die Idee der »Neuen Stadt« stammt aus dem frühen 20. Jahrhundert. Ballungszentren sollten entlastet werden durch ausgelagerte Neben-Metropolen, die zwar den schnellen Weg ins Zentrum ermöglichen, aber zugleich durch die Einrichtung von Geschäften, Kultur- und Erholungsangeboten völlig autark sind. In den 1960er und 1970er Jahren wurden derartige Projekte dann verwirklicht – in Neubrück zum Beispiel, in Meschenich oder eben in Chorweiler. Und schon ein paar Jahre später war jedem Stadtplaner, jedem Politiker, jedem Laien klar: Es war ein Fehler! Trabantenstädte entwickeln nicht das soziale Miteinander, sondern den sozialen Brennpunkt.

All dies kommt einem in den Sinn, wenn man über den Pariser Platz schlendert. Der Ort hat etwas Monströses, etwas grandios Misslungenes, und selbst im schönsten Sonnenlicht will sich hier keinerlei Wärme einstellen. Dabei werden die Überlegungen, die zu seiner Anlage führten, durchaus greifbar: Die heterogene Bebauung mit Hochhäusern, kleineren Mietskasernen, einem flachen Einkaufszentrum und einer modernen Kirche sollte ein aufgelockertes Ensemble bilden. Grüne Inseln, Spielgeräte und verstreute Findlinge sollten die Passanten zum Verweilen einladen. Aber lange aufhalten will sich hier in Wirklichkeit niemand. Die Wirkung des Platzes ist das Gegenteil dessen, was mit ihm beabsichtigt war: Er sieht zerfranst aus; lose architektonische Enden, wohin man auch blickt.

An Paris, das der Platz im Namen trägt, erinnert hier höchstens die Weite. Während es im benachbarten Heimersdorf die Bäume, in Seeberg die Blumen sind, orientierte man sich bei den Straßennamen im Chorweiler Zentrum an europäischen Großstädten. Und deshalb gibt es hier neben dem Pariser Platz auch die Oxforder Passage und den Uppsalasteig.

Adresse Pariser Platz | **ÖPNV** S 11, Bahn 15, Bus 120, 121, 122, 125, 126, jeweils Haltestelle Chorweiler | **Tipp** Um sich einen Eindruck von der »Neuen Stadt« zu verschaffen, sollte man auch durch die umliegenden Straßenzüge spazieren.

71 Der Pegelturm
Eine Litfaßsäule mit Schwimmkörper

Der Kölner Pegel verbindet althergebrachte Mechanik mit modernstem Hightech. Wirklich anzusehen ist ihm jedoch weder das eine noch das andere, von außen bildet er zunächst einmal nichts als eine leicht verdickte Litfaßsäule. Wie diese ist auch der Pegelturm am Rheinufer innen hohl. Der Wasserstand wird mit einem Schwimmer gemessen und von dort aus auf die außen angebrachte Pegeluhr übertragen. Auf dem Wege der elektronischen Datenverarbeitung werden die Messwerte sodann weitergeleitet. Im 15-Minuten-Takt informiert werden die Münsteraner Wasser- und Schifffahrtsdirektion West sowie die Bundesanstalt für Gewässerkunde in Koblenz.

Die Einweihung des neuen Kölner Pegelturms fand am 16. Juni 1951 statt. Installiert wurde er genau auf Stromkilometer 688, nahe der Deutzer Brücke. Schon ab 1901 hatte hier ein Bau mit Schreibpegel existiert, der aber 1943 den Bomben des Zweiten Weltkriegs zum Opfer fiel.

Der erste bekannte Kölner Messpegel stammt hingegen aus dem Jahr 1810. Das damalige Modell hatte die simple Form eines reinen Lattenpegels. Ab 1813 wurden die Messwerte regelmäßig erfasst, blieben aber wegen der Wellenbewegungen stets ein wenig ungenau. Heutzutage entspricht der Wasserstand in der Pegelröhre der Oberfläche des Flusses, die Ummauerung schützt ihn jedoch vor durch Wind oder Schiffe hervorgerufenen Wellenschwankungen. Um negative Werte bei Niedrigwasser zu vermeiden, wurde der Nullpunkt des Kölner Pegels am 1. November 1979 um einen Meter auf 34,98 Meter über Normalnull gesenkt. Der Pegelstand null entspricht dabei einer Wassertiefe von mindestens einem Meter auf 150 Metern Breite. Ein Rekordtief erreichte der Rhein am 29. September 2003, als lediglich 0,8 Meter gemessen wurden. Den aktuellen Stand und Voraussagen für die nächsten Tage liefert das Kölner Wasser- und Schifffahrtsamt rund um die Uhr unter www.hochwasserinfo-koeln.de im Internet.

Adresse Rheinkilometer 688 nördlich der Deutzer Brücke | **ÖPNV** Bahn 1, 7, 9, Bus 132, 133, jeweils Haltestelle Heumarkt | **Tipp** Eine imposante Hochwassermarke findet sich an der nahe gelegenen Schmitz-Säule vor Groß St. Martin (zu Hochwassermarken siehe auch Seite 82).

72_ Die Photographische Sammlung
Kunst im Mediapark

Die Geschichte dieser Sammlung, dieser öffentlichen Galerie beginnt im Jahr 1910. Damals nämlich siedelte der dreiunddreißigjährige Fotograf August Sander von Linz nach Köln über, um hier ein neues Atelier aufzubauen. In den folgenden Jahren kommt er in Kontakt mit Künstlern wie Heinrich Hoerle oder Anton Räderscheidt und wird Mitglied der »Kölner Progressiven«. Im Fokus der Gruppe: Menschen in ihren zeitgenössischen sozialen Verhältnissen.

Sanders Fotowerk »Menschen des 20. Jahrhunderts« wird weltberühmt, der Fotograf gilt heutzutage als einer der wichtigsten seiner Zeit. Seit 1994 kümmert sich die Photographische Sammlung der SK Stiftung Kultur um seinen Nachlass, der im Mediapark beheimatet ist.

Schon beim Bau des Gebäudes Nummer 7 war geplant, hier mit der Kölner Stiftung auch die Voraussetzung für Fotoausstellungen zu schaffen. Das bedeutete unter anderem, dort auf Tageslicht gänzlich zu verzichten und auch die künstliche Beleuchtung permanent bei 50, höchstens 80 Lux zu halten. Des Weiteren benötigen Fotografien eine gewisse Wärme, gepaart mit konstanter Luftfeuchtigkeit. Durch die Anlage eines zweiten, etwas kleineren Schauraumes hat man die Möglichkeit, verwandte Ausstellungen parallel laufen zu lassen. Auch wurden die Räume nicht rechteckig, sondern verwinkelt angelegt, sodass sich immer wieder Nischen für Sonderthemen anbieten. Seit der Eröffnung werden hier dreimal im Jahr Ausstellungen organisiert, die sich ganz Sanders Tradition der sachlich-konzeptionellen Fotografie verschrieben haben. Da verwundert es nicht, dass das für seine Abbildungen von Industriearchitektur bekannte Paar Hilla und Bernd Becher schon seit 1996 eng mit der Kölner Sammlung zusammenarbeitet. Archiviert werden aber auch Werke etwa von Candida Höfer oder dem in Köln unvergessenen Chargesheimer.

Adresse Im Mediapark 7 | www.photographie-sk-kultur.de | **ÖPNV** Bahn 12, 15, Haltestelle Christophstraße/Mediapark | **Öffnungszeiten** Do–Di 14–19 Uhr; zu laufenden Ausstellungen s. Website | **Tipp** Hinter dem Mediapark führt eine Brücke zum Trümmerberg Monte Klamotte (siehe auch »111 Kölner Orte«, Band 1).

73 Der Platzjabbeck
Symbol großspurigen Selbstbewusstseins

Mit dem Platzjabbeck ist es ähnlich wie mit dem gegenüberhängenden Kallendresser: Über beide kursieren historisch widerlegbare Vorurteile. So wird man über die seltsame Fratze immer wieder hören, sie verspotte den Rat. Aber wie sollte das angehen, wo doch der Kölner Rat selbst im Jahr 1445 die Rechnung für diese Figur bezahlte und sie sodann am ehrwürdigen Ratsturm anbringen ließ? Und wie passt der vermeintliche Spott zu der Tatsache, dass die heute zu jeder vollen Stunde herausfahrende Zunge erst 1913 installiert wurde?

Nein, zur Ergründung des Platzjabbeck sollte man vielmehr bei seinem Namen anfangen. Während die erste Silbe (»Platz«) lediglich auf den vor ihm liegenden Alter Markt verweist, stammt »beck« vom französischen »le bec«, was so viel wie »Schnabel«, »Mund« bedeutet. Das kölsche Wort »Jappe« bezeichnet einen – zum Beispiel beim Gähnen – weit aufgerissenen Mund. Und dieser wiederum rekurriert auf eine im Mittelalter sehr lebendige Sage um Karl den Großen. Er habe, so heißt es, seine drei Söhne aufgefordert, ihre Münder so weit wie möglich aufzusperren. Die Apfelstücke, die er den beiden Folgsamen unter ihnen hineintat, standen für ihre zukünftigen Anteile am Reich. Eine analoge Symbolik vermittelt der sogenannte »Schnapphans« am Jenaer Rathaus.

Die Moral von der Geschicht' ist simpel: Wer im richtigen Moment zuschnappt, der bekommt auch, was er möchte. Aber der Kölner Platzjabbeck stand auch noch für etwas anderes. 1396 besiegelten die Zünfte und Gaffeln ihren Sieg über die bis dato herrschenden Patriziergeschlechter mit dem Verbundbrief, der ersten Stadtverfassung. Als äußerliches Symbol dieses Triumphes wurde der Rathausturm errichtet (1407–1414). Der furchteinflößende Kerl mit dem Schlapphut, den aufgerissenen Augen und dem wilden Bart markiert also vor allem das neue, etwas zu großspurige Selbstbewusstsein des Bürgertums.

Adresse Alter Markt, Ostseite des Rathausturms | **ÖPNV** Bahn 1, 7, 9, Bus 132, 133, jeweils Haltestelle Heumarkt | **Tipp** Das deutlich seriösere Resultat des Sieges der Handwerker und Kaufleute, der Verbundbrief, ist im unfernen Stadtmuseum ausgestellt.

74 Die Pumpensäule
Sauberes Trinkwasser am Reischplatz

Trinkwasserbrunnen sind für Köln ab dem 4. Jahrhundert nachgewiesen. Weil jedoch die hygienischen Zustände in der nachrömischen Zeit zusehends verfielen, bargen diese Brunnen Gefahren. So mancher trank lieber schon des Morgens Bier, als sich den Keimen des kölnischen Wassers auszusetzen. Nicht selten war der »flöcke Otto« die Folge.

Ab dem 18. Jahrhundert entstanden dann die ersten Pumpensäulen, die dank ihrer Geschlossenheit eine gewisse Sauberkeit garantierten. Jene auf dem Deutzer Reischplatz besticht durch ihren kronenartigen Aufsatz, der Elemente des Jugendstils aufweist. Lange völlig verrostet, wurde er vor einigen Jahren gründlich restauriert und erstrahlt in neuem Glanz. Auch der gut zwei Meter lange Schwengel wurde überholt. Seine S-Form mündet in einen apfelsinengroßen Knaufabschluss. Weil die Pumpvorrichtung deutlich elastischer als die Krone ausfallen musste, besteht sie aus geschmiedetem Eisen.

Auch um die alte Pumpe herum bewegt man sich auf historisch bedeutsamem Terrain. Dafür bürgt zunächst einmal der Name des kleinen Platzes, geht er doch auf den letzten Deutzer Bürgermeister zurück. Einundzwanzig Jahre lang stand der gebürtige Schlesier Carl Robert Reisch der Gemeinde vor, bis seine Amtszeit am 1. April 1888 mit der Eingemeindung nach Köln endete. Das Stadtrecht war Deutz erst 1808 von Kaiser Napoleon Bonaparte verliehen worden.

An eine noch weiter zurückreichende Tradition erinnert eine Gedenktafel an Haus Nummer 6. Hier stand nämlich bis zur Pogromnacht vom 9. November 1938 eine jüdische Synagoge, die dritte insgesamt in Deutz. Sie war 1915 als Ersatz für die Synagoge an der Freiheitsstraße eingeweiht worden. Das 1786 errichtete jüdische Glaubenshaus hatte dem Bau der Deutzer Brücke (damals: Hindenburgbrücke) weichen müssen.

Adresse Reischplatz | **ÖPNV** Bahn 1, 7, 9, Haltestelle Deutzer Freiheit | **Tipp** Weitere historische Pumpenpfeiler finden sich z.B. Am Hof (vor Nummer 30), auf dem Marsplatz und im Klosterhof von St. Pantaleon.

75_Die Querschneise II
Planespotting in der Wahner Heide

Bei eingesessenen Porzern trägt die Alte Kölner Straße einen Spitznamen: Panzerstraße. Er rührt von den belgischen Truppen her, die in den – inzwischen ruinösen – Kasernen Richtung Altenrath hausten. Heutzutage könnte man diese ewig um das weite Flughafengelände herumführende Schneise auch »Spotterstraße« nennen. Denn Spotter, das sind jene Flugzeugenthusiasten, die für ein gutes Start- oder Landefoto (fast) alles tun würden. Und die Alte Kölner Straße ist ihr bevorzugtes Jagdrevier.

Erfahrene Spotter wissen genau, zu welcher Tageszeit an welcher Ecke die idealen Lichtverhältnisse herrschen. Sie kennen die besten Pfade durch die dichte Vegetation der Wahner Heide und sind mit dem entsprechenden Schuhwerk ausgerüstet. Und weil hinter dem Flughafenzaun zuweilen kleine Wälle aufgeschüttet sind, hat man als Spotter auch stets eine Leiter dabei.

Allen Anfängern jedoch sei die Untere Querschneise empfohlen. Dafür fährt man vom Grengeler Mauspfad auf die Alte Kölner Straße und nach knapp einem Kilometer (Hinweisschild: Querschneise II) rechts ab. Bis an den Flughafenzaun ist der Weg asphaltiert. Aber weil hier eines der erwähnten Hügelchen aufragt, muss man noch ein wenig nach links spazieren. Der Trampelpfad führt immer am Zaun entlang, und nach etwa hundert weiteren Metern liegt das gesamte Areal offen da. Spotter wissen: Hier hat man den Runway 14L im Blick, und zwar bestens. Die Flugzeuge von Air Berlin etwa jagen dem Besucher mehr oder weniger direkt über den Kopf, und die Luft ist von verbranntem Kerosin erfüllt.

Ein weiterer leicht zu erreichender Spot liegt einen knappen Kilometer weiter, dort, wo die Alte Kölner Straße einen 90-Grad-Schwenk nach rechts macht. Hier behindern weder Hügel noch vorgelagerte Waldstücke die Sicht, Bahn 24 liegt dem Spotter frei vor Augen. Der ohrenbetäubende Lärm tut ein Übriges, um dem Betrachter hier ein rauschhaftes Erlebnis zu bescheren.

Adresse Alte Kölner Straße | **ÖPNV** Bus 161, Haltestelle Grengel/Mauspfad | **Tipp** Wer sich eingehender mit der Welt der Spotter beschäftigen möchte, besuche die Website www.spotter-cgn.de.

76_ Das Reissdorf-Pärchen
Er trinkt ..., sie trinkt ...

Die Aachener Straße hat sich im letzten Jahrzehnt zu einer veritablen Amüsiermeile entwickelt. Rund um das altehrwürdige Millowitsch-Theater schossen zahllose Bistros, Kneipen und Clubs aus dem Boden, vor allem sommers fließt hier das Kölsch in Strömen. Und passend dazu leuchtet dort auch noch allabendlich das schönste Wahrzeichen des Kölner Obergärigen von einer Hauswand am Rudolfplatz.

Abzusehen war dieser Boom im Jahre 1968, als das Reissdorf-Pärchen installiert wurde, natürlich noch nicht. Und die Animation, damals ein marketing- und ingenieurtechnisches Meisterwerk, verstrahlt heutzutage einen sympathisch-angestaubten Charme. Die bewegliche Leuchtreklame zeigt abwechselnd einen Mann und eine Frau im Seitenprofil. Der Mann mit seinem leichten Bauchansatz ist Fliegenträger, trinkt mit geschlossenen Augen und lächelt dazu selig. Sein weibliches Pendant ist hingegen mit einem Rock und Stöckelschuhen ausgestattet, während ihr über dem Glasrand eine kesse Locke in die Stirn fällt. Während sie ihre Kölschstange zum Mund führen, füllt sich ihr Körper komplett mit Flüssigkeit, bevor das jeweils andere Geschlecht wieder an der Reihe ist. Lichttechnisch verwirklicht wird das Ganze mittels von unten nach oben aufleuchtender Neonröhren.

Heutzutage steht das Reissdorf-Pärchen unter Denkmalschutz und wird den Nachtschwärmern des Belgischen Viertels deshalb wohl auch noch lange erhalten bleiben. Selbstverständlich ist dies nicht, denn die beiden Neonfiguren sind nicht nur hübsch anzusehen, sondern auch recht kostspielig im Unterhalt. Jedes Jahr steht eine Generalüberholung an, bei der Leuchtstoff und Elektroden erneuert werden sowie das Schaltwerk der einzelnen Röhrenabschnitte überprüft wird. Und danach wird dann zügig weitergetrunken, na klar. Wie viel die beiden aber inzwischen in sich hineingekippt haben – niemand hat es je errechnet.

Adresse Rudolfplatz | ÖPNV Bahn 1, 7, 12, 15, Haltestelle Rudolfplatz | Tipp Über die Aachener Straße mit ihrem vielfätigen Gastro-Angebot gelangt man zum Inneren Grüngürtel. Am Aachener Weiher liegt das attraktive Museum für Ostasiatische Kunst.

77_Die Rheingarten-Skulptur
Klettern, sitzen, gucken, baden

Eduardo Paolozzi (1924–2005) wurde im schottischen Edinburgh geboren, wo seine italienischen Eltern eine Eisdiele besaßen. In Paris dem Surrealismus zugeneigt, gehörte er in den 1960ern zu den Wegbereitern der englischen Pop-Art. Mehrmals nahm er an der Biennale in Venedig sowie der Kasseler »documenta« teil, bevor er 1977–1981 als Professor an der Fachhochschule Köln lehrte. Seine Rheingarten-Skulptur aus dem Jahr 1986 gilt Kunstfreunden als eines seiner Hauptwerke.

Die Kölner Steinlandschaft entstand im Rahmen der Neugestaltung des Altstadtufers. Die Rheinuferstraße war endlich unter die Erde verlegt worden, und die Stadt rückte näher an den Fluss. Zwischen Deutzer und Hohenzollernbrücke wurde auf der frei gewordenen Fläche der Rheingarten angelegt, und für dessen nördliches Ende entwarf Paolozzi dieses Arrangement aus Bronze, Steinquadern und Pflastersteinen.

Das Material legt verschiedene Assoziationen nahe: Die Steinformen erinnern an die Motorblöcke und Autobatterien, die hier einst das Panorama dominierten. Eine historische Dimension enthält auch die Herkunft der Steine, stammen sie doch von der ehemaligen Straßenbahnauffahrt zur Hohenzollernbrücke, die dem Ensemble von Heinrich-Böll-Platz und Museum Ludwig hatte weichen müssen. Verbunden und umspült werden die Blöcke von Wasser, das in halbrunden Schalen verläuft – hier stand natürlich das Flussbett des Rheins Pate.

Was dem Kunstwerk echten Charme verleiht, ist die Tatsache, dass es von vornherein auch auf praktischen Nutzen ausgelegt war. Paolozzis Skulptur ist begehbar. Die heterogenen Steinquader ergeben eine Vielzahl von Kletter- und Sitzmöglichkeiten, die den Ort im Sommer wie eine urbane Insel erscheinen lassen. Und der schöne Blick auf die Altstadt und den Fluss macht eine Pause hier umso attraktiver.

Adresse Rheingarten, unterhalb des Heinrich-Böll-Platzes | **ÖPNV** Bahn 5, 16, 18, Bus 132, jeweils Haltestelle Dom/Hbf. | **Tipp** Ein schöner Spaziergang führt von hier aus über die Hohenzollernbrücke in den rechtsrheinischen Rheinpark.

78 Die Rheinterrasse von St. Georg
Baldachin, Altar und Schifferleuchte

Kölns schönste Rheinterrasse liegt in Weiß. Sie ist überdacht und sonnendurchflutet, mit rund 30 mal 6 Metern sehr geräumig, und hier herrscht kein Konsumzwang. Eigner ist nämlich weder ein Restaurant noch ein Café, sondern die Kirche St. Georg. Der Neubau aus den 1950er Jahren bildet um den gepflasterten Kirchplatz herum ein intimes Karree, das zum Rhein hin einen kleinen Durchgang zur Terrasse offen lässt. Im Rücken die Kirchenmauer, nach vorn hin die steile Uferböschung: Der St.-Georgs-Balkon wirkt wie ein Schauraum für den Fluss, den Vater Rhein, der hier gemächlich zu jener Kurve ansetzt, die den Weißer Bogen formt. In lichter Höhe überspannt ein auf Pfeilern ruhendes Satteldach den an die Flussseite angebauten Außenaltar. Unter diesem Baldachin findet sich darüber hinaus ein großes Hochkreuz und auf derselben Achse ein kleines Rundfenster für eine Ewiglichtampel – eine traditionelle Schifferleuchte. Gen Osten fällt der Blick auf das pappelgesäumte Ufer von Zündorf.

Die Kirche St. Georg ist innen sehr schlicht gehalten, besticht jedoch durch einen imposanten hölzernen Dachstuhl mit offen sichtbaren Zimmermannsverbindungen. Weitaus spannender gestaltet sich demgegenüber allerdings ein Besuch der wenige Schritte entfernt liegenden St.-Georgs-Kapelle. Der geduckte Bau wurde bereits im Jahr 1433 erstmals urkundlich erwähnt, im Zweiten Weltkrieg jedoch erheblich zerstört. Nach seinem Wiederaufbau 1962 gestaltete man die Wände mit Fresken aus. Die an italienischen Vorbildern orientierten Malereien verleihen dem Raum eine ganz eigene, zeitlose Atmosphäre. Das Dorfidyll um Kapelle und Rheinterrasse herum wird noch befördert durch die vielen kleinen Häuschen entlang der schmalen Gasse, als die die Weißer Hauptstraße hier unten am Fluss endet.

Adresse Kirchplatz | **ÖPNV** Bus 131, Haltestelle Weißer Hauptstraße | **Tipp** Nördlich von St. Georg beginnt der Weißer Rheinbogen mit seiner einmaligen Naturlandschaft. In Rodenkirchen mündet der Spaziergang dann in die »Kölsche Riviera«.

79 Das Riehler Bad
Im Schatten des Axa-Hochhauses

Ein Schwimmbad ist es ja nun leider nicht mehr. Es war 1986, als der Kölner Rat beschloss, das älteste Freibad der Stadt aufzugeben. Die Gründung der »Rheinlust«, wie es zunächst hieß, datiert auf das Jahr 1902. Der ansonsten wenig beachtete Stadtteil Riehl verfügte damit über etwas seinerzeit recht Erstaunliches, ein »Schwimmbad an Land« nämlich. Und das, obwohl der Rhein unmittelbar daneben lag. Eine leichte Verschiebung war 1926 vonnöten, als man an den Bau der Mülheimer Brücke ging. Und nachdem in den 1960ern ein zweites Becken hinzugekommen war, bildete die Errichtung des Colonia-Hochhauses den nächsten Einschnitt: Die Liegewiese wurde verschoben, und das noch heute bestehende Wirtschaftsgebäude entstand.

Der angrenzende Wolkenkratzer, seit 1997 mit dem Schriftzug des Axa-Konzerns versehen, war von 1973 bis 1976 das höchste Gebäude der Republik. Über 45 Etagen mit mehr als 350 Wohneinheiten führt es in eine Höhe von 147 Metern, inklusive Antenne sind es noch einmal acht Meter mehr. Von der Kölner Spitze verdrängt wurde es erst im Jahr 2001 durch den KölnTurm im Mediapark, der anderthalb Meter mehr misst.

Das traditionsreiche Bad zu seinen Füßen dümpelte nach der Schließung jahrelang vor sich hin und verfiel zusehends. Erst Anfang der 1990er wurde es der Öffentlichkeit wieder zugänglich gemacht. Eine Grünfläche entstand, die den recht abgelegenen Ort enorm aufwertet. Durch die Anlagen des Hochhauses im Süden, durch den Zoo und die Riehler Heimstätten hat sich hier ein sehr isolierter Abschnitt des Niederländer Ufers gebildet. Die tiefe Rheinaue macht zu jeder Jahreszeit einen guten Eindruck, erst recht der als Allee angelegte Uferweg. Und der 1996 eröffnete Biergarten im alten Schwimmbad gilt mit seinem Rheinblick, dem angrenzenden Birkenhain und dem ausgedehnten Kinderspielplatz als einer der schönsten am ganzen Flussufer.

Adresse Niederländer Ufer südlich der Mülheimer Brücke | **ÖPNV** Bahn 18, Haltestelle Boltensternstraße; Bahn 13, 18, Haltestelle Slabystraße | **Tipp** Reizvoll ist ein Abstecher zum Skulpturenpark am Zoo (siehe auch Seite 192).

80 Die Römische Wasserleitung

Ein Bruchstück im Rechtsrheinischen

Die Fakten zur Römischen Wasserleitung sind bekannt: Sie begann einst bei Nettersheim in der Eifel und transportierte dank antiker Ingenieurskunst Frischwasser in die Hauptstadt der römischen Provinz Niedergermanien. Das kleine Weltwunder spielte sich allerdings komplett im Linksrheinischen ab. Wie also kommt ein Stück dieser 2.000 Jahre alten Wasserleitung nach Deutz vor die Technische Hochschule? Einen Hinweis gibt die Fakultät, die hier am Reitweg residiert. Handelt es sich doch um jene für Architektur und Bauingenieurswesen. Es waren dann auch ehemalige Studenten dieser Fachrichtung, denen die ausgefallene Geschenkidee kam, den Römerkanal auf die Schäl Sick zu bugsieren.

Im Jahr 1979 feierte man nicht nur den 100. Geburtstag der Kölner Fachhochschule, sondern zugleich die offizielle Einweihung der im Vorjahr fertiggestellten Alma Mater für Ingenieurswesen am Deutzer Reitweg. 118 Millionen Mark hatte das Unternehmen verschlungen – ein Klacks gegenüber heutigen Großbauprojekten. Mit 10.000 Studenten war die Kölner FH damals die größte der Bundesrepublik. Beim Bau der A1 hatte man im Krebsbachtal bei Mechernich-Breitenbenden ein rund 30 Meter langes Stück der römischen Wasserleitung entdeckt. Das zuständige Landesmuseum Bonn war einverstanden damit, den Kölnern ein Souvenir zu überlassen. Ein Tieflader transportierte schließlich das zehn Tonnen schwere Relikt auf die andere Rheinseite nach Deutz.

Das etwa zwei Meter lange und ebenso hohe Stück aus römischen Backsteinen steht heutzutage überwachsen auf einer kleinen Anhöhe gen Uni-Eingang. Der dichte Efeu scheint den höhlenartigen Eingang tarnen zu wollen – als verstecke sich dort jemand, ein römischer Grottenolm vielleicht. Er hätte es allerdings nicht leicht heutzutage. Denn Wasser, wie gesagt, ist an diesem Ort nie geflossen.

Adresse Reitweg 3 | **ÖPNV** Linien 1, 9, Haltestelle Deutz/Technische Hochschule | **In der Umgebung** Direkt um die Ecke, an der Deutz-Kalker-Straße 18, steht ein weiteres, hierhin versetztes historisches Objekt: ein preußischer Meilenstein, der ebenfalls ursprünglich in der Eifel stand.

81_ Der Ruhende Verkehr
Ein einbetonierter Opel Kapitän am Hohenzollernring

»Grober Unfug ist noch zu glimpflich ausgedrückt«, meinte ein Passant in der Domstraße. Und eine ältere Dame wollte wissen, ob hier denn auch ordnungsgemäß Parkgebühren entrichtet würden, bevor sie entrüstet die alte Floskel vom »Wenn das jeder machen würde …« bemühte.

Die Aufregung der Bürger hatte eine durchaus spektakuläre Ursache: Stand doch da im Oktober 1969 ein düsterer, grobschlächtig wirkender Mann mit massivem Backenbart, der seinen wunderschönen Opel Kapitän bei laufendem Motor und Radio einbetonieren ließ.

Der gebürtige Leverkusener Wolf Vostell (1932–1998) war damals in kunstinteressierten Kreisen schon längst kein Unbekannter mehr. Seit Ende der 1950er Jahre beteiligte er sich an den ersten europäischen Happening-Aktionen, Anfang der 1960er gehörte er zu den Gründern der Fluxus-Bewegung. Und bereits zu dieser Zeit spielten immer wieder Autoteile eine Rolle in seinen Arbeiten.

Die Zementierung seines Opel Kapitän, so erklärte er seinerzeit, verdanke sich ursprünglich einem Alptraum: im Autochaos unterzugehen, im Stau zu stehen und binnen Sekunden einbetoniert zu werden. Und bevor ihn dieses Schicksal ereilte, so mag man interpretieren, generierte er es lieber selbst.

So für die Ewigkeit platziert, wie es zunächst schien, war der Wagen dann doch nicht. Zunächst wanderte er von der Domstraße vor die – inzwischen abgerissene – Kunsthalle am Josef-Haubrich-Hof, um schließlich am Hohenzollernring zu stranden. Ein echter Makel, hatte Vostell seine Plastik doch mit Bedacht direkt auf einer Straße installiert. Als Teil »einer Parkreihe mit verkehrstüchtigen Autos« komme ihr die »ideale gesellschaftliche Relevanz« zu, meinte er. Auf dem Mittelstreifen der Ringe jedoch nimmt der alte Opel niemandem einen Parkplatz weg, und der Ruhende Verkehr verliert angesichts des ihn umtosenden tatsächlichen Autoaufkommens sein kritisches Potenzial.

Adresse Hohenzollernring | **ÖPNV** Bahn 1, 7, 12, 15, Haltestelle Rudolfplatz | **Tipp** Weitaus affirmativer, aber immerhin auch ein Pkw als Kunstwerk im öffentlichen Raum: das 1987 geschaffene goldene »Flügelauto« von HA Schult auf dem Zeughausturm.

82 Der Saufang
Die älteste Glocke Deutschlands

Einst trieb ein Schweinehirte seine Herde zu einem Sumpf in der Nähe von St. Cäcilien. Die Tiere wühlten, wie es ihre Art ist, im Schlamm und förderten dabei eine Glocke zutage. Als man diese jedoch in der Kirche aufhängte, erlebte man eine böse Überraschung. Das Fundstück wollte nicht läuten, selbst wenn vier Mann auf einmal am Glockenseil hingen. Stattdessen fiel die Glocke zurück in den besagten Sumpf, und nun war endlich klar, woran es ihr mangelte: Die Heidenglocke war noch nicht geweiht worden. Nachdem Bischof Kunibert dies nachgeholt hatte, war dann auch alles in Butter. Die Glocke läutete »wunderlich und schön«, und zwar stets bei Gewitter, zum Tod eines Stiftsmitglieds und am Tag des heiligen Kunibert (12. November). Wegen ihrer Fundumstände bekam sie den Namen »Saufang«.

So weit die Legende. Nachweisliche Tatsache ist, dass Kunibert ab dem Jahr 623 Bischof von Köln wurde. Und die Kölner Glocke wird auf das frühe 7. Jahrhundert geschätzt, was zu Kuniberts Amtsantritt passen würde. Unabhängig von dieser Geschichte handelt es sich beim Saufang um die wohl älteste Glocke Deutschlands. Äußerlich erinnert sie eher an eine Kuh- als an eine Kirchenglocke, denn ihre Form ist oval. Und mit 35 mal 22 Zentimetern Grundfläche bei einer Höhe von 40 Zentimetern gehört sie auch zu den kleinen ihrer Gattung. Auffällig ist zudem ihre Verarbeitung, denn der Saufang ist nicht gegossen, sondern noch ganz altertümlich genietet. Er wurde aus drei Eisenblechen gefertigt, die mit Kupfernägeln zusammengehalten werden.

Heutzutage hängt die Glocke in St. Cäcilien, dem alten Teil des neugebauten Museums Schnütgen. In der ständigen Ausstellung nimmt der Saufang eine Sonderstellung ein. Denn während die anderen Kunstgegenstände als Sammlung hierhin kamen, war der Saufang immer schon da. Beziehungsweise direkt links hinter dem Eingang des Kirchentrakts.

Adresse Museum Schnütgen, Cäcilienstraße 29 | www.museum-schnuetgen.de | **ÖPNV** Bahn 1, 3, 4, 7, 9, 16, 18, Haltestelle Neumarkt | **Öffnungszeiten** Di–Fr 10–17, Sa u. So 11–17 Uhr | **Tipp** Dem heiligen Kunibert ist eine von Kölns romanischen Kirchen gewidmet, St. Kunibert in der Nordstadt (siehe auch »111 Kölner Orte«, Band 1).

83 Der Schellenknecht
Großer Hut und Kniebundhose

Für so manchen muss es ein furchtbarer Gang gewesen sein vom Hahnentor über die Aachener Straße bis zum heutigen Melatenfriedhof. Denn wer einst im Verdacht stand, an Lepra erkrankt zu sein, der musste sich dorthin auf den Weg machen. Untersucht und diagnostiziert wurde er von den dort Lebenden, von den Leprakranken selbst.

Das Leprosenheim auf Melaten ist ab 1180 dokumentiert, aber wahrscheinlich noch älter. Neben Unterkünften für die Patienten befanden sich auf dem Grundstück eine Kapelle, ein kleiner Friedhof und sogar ein Wirtshaus. Die mit der Infizierung einhergehenden Geschwüre, Knoten und Verstümmelungen machten die Kranken zu Aussätzigen, die ausschließlich unter ihresgleichen leben durften. Die einzige Ausnahme bildeten die kirchlichen Feiertage, an denen sie zum Betteln in die Stadt gelassen wurden. Ihnen voran ging dabei der sogenannte Schellenknecht, an den die kleine Statue an der Aachener Straße erinnert. Wie die Patienten war auch ihr Anführer verpflichtet, sich auffällig zu kleiden. Die Leprosentracht bestand aus einem großen Hut, einem hellen Siechenmantel, weißen Handschuhen und einer Kniebundhose. Außerdem hatten die Bettler eine Schelle oder Klapper mitzuführen, um schon von Weitem auf sich aufmerksam zu machen. Wer es in Kölns Straßen mit der Angst zu tun bekam, konnte so rechtzeitig Reißaus nehmen.

Aus alten Unterlagen geht hervor, dass auf Melaten bis zu 24 Leprakranke lebten. Die Abgeschiedenheit des Ortes sowie die Tatsache, dass hier auch Auswärtige aufgenommen wurden, machte ihn zudem für ein anderes Völkchen beliebt: die Diebe und Räuber. Angestellte der Leprosie verdienten sich durch gefälschte Siechenbriefe ein Zubrot, und Kriminelle gelangten so zu einem Unterschlupf, der von der Staatsgewalt weitestgehend gemieden wurde. Zu Ende ging diese Ära im Jahr 1767. Da war die Seuche so gut wie ausgestorben, die Leprosenanstalt wurde geschlossen.

Adresse Aachener Straße, am nördlichen Melaten-Eingang, gegenüber von Hausnummer 287 | **ÖPNV** Bahn 1, 7, Haltestelle Melaten | **Tipp** Fünf Jahre nach der Schließung der Anstalt wurde Johann Christoph Winters geboren (siehe auch Seite 130).

84 Das Schiffswrack
Die Überreste des Kleinen Kreuzers Cöln

Die Eigelsteintorburg ist ein paar hundert Meter vom Rhein und ein paar hundert Kilometer vom Meer entfernt. Trotzdem finden sich hier, hoch im östlichen Turmbogen, die Überreste eines Schiffswracks. Seit 1926 hängen sie an diesem ungewöhnlichen Ort, und wer mehr über die Geschichte erfahren möchte, muss zurück an den Anfang des Ersten Weltkriegs.

Die Fregatte Cöln war ein kleiner Kreuzer und zugleich das erste deutsche Kriegsschiff, das »Köln« im Namen trug. Am 28. August 1914 kam es vor Helgoland zu einem verheerenden Seegefecht mit feindlichen Flotteneinheiten: Fünf britische Schlachtkreuzer standen – an Bewaffnung und Geschwindigkeit hoch überlegen – zwei kleinen deutschen Kreuzern gegenüber. Die Cöln versank mit 200 Mann im Meer, und wegen des starken Nebels konnten auch die Matrosen auf den Rettungsbooten nicht gefunden werden. Insgesamt kamen so 506 Besatzungsmitglieder ums Leben, lediglich ein Matrose überlebte das Unglück, nachdem er 76 Stunden auf den Wellen getrieben war. Einer der Kutter der Cöln konnte – völlig zerschossen und nur noch als Wrack erhalten – drei Tage später vor Norderney gesichtet und geborgen werden. Die Marine machte ihn daraufhin der Stadt Köln zum Geschenk, die die Überreste zunächst im Vorhof des Spanischen Baus aufstellte, bevor sie ihren Platz an der Torburg fanden.

Dem ersten Kölner Kriegsschiff folgten weitere. Bugwappen und Heckanker der vierten Kölner Fregatte wurden ebenfalls in der Konche am Eigelstein untergebracht. Das Schiff war 1982 nach 21 Jahren aus dem Verkehr gezogen worden. Die Köln V lief 1984 vom Stapel und nahm an vielen internationalen Friedensmissionen teil. 2012 wurde sie außer Dienst gestellt, seit 2022 existiert eine Korvette Köln. Der Freundeskreis Fregatte Köln kümmert sich um den Unterhalt des Wracks an der Eigelsteintorburg. Alljährlich wird ein Kranz für die umgekommenen Seeleute niedergelegt

Adresse Eigelsteintorburg | ÖPNV Bahn 6, 12, 15, 16, 18, Haltestelle Ebertplatz |
Tipp Über den Theodor-Heuss-Ring gelangt man zu einem weiteren militärisch-
seemännischen Relikt: dem Überrest eines Turms der einstigen preußischen Hafen-
befestigung, seit Wilhelm Riphahns Überbauung von 1924 »Die Bastei« genannt.

85 Das Schlachtendenkmal
Eine rote Stele in Worringen

Der kleine St.-Tönnis-Platz im Zentrum von Worringen war noch zu Anfang des 20. Jahrhunderts der Pausenhof einer Knabenschule. Erst nachdem die letzten Reste dieses Gebäudekomplexes im Jahr 1982 entfernt worden waren, kam der Stadtteil zu seinem ersten Festplatz.

Gerahmt wird das Geviert von der 1835 geweihten Kirche St. Pankratius und ihren Nebengebäuden. Ins Auge fällt jedoch sofort jene zentral postierte Stele aus rotem Sandstein, 2,70 Meter hoch und rund fünf Tonnen schwer. Sie erinnert an die berühmte Schlacht von Worringen, durch die Köln im Jahr 1288 zumindest aus den weltlichen Klauen der Erzbischöfe befreit wurde. Man muss schon nahe an den mächtigen Stein herantreten, um weitere Einzelheiten zu erkennen. Reliefartig eingearbeitet wurde beispielsweise auch eine Darstellung des Kampfes, den der legendäre Bürgermeister Gryn mit dem Löwen austrug (siehe auch Seite 114). Sein Sieg steht für das Selbstbewusstsein der Kölner Bürgerschaft nach jener gewonnenen Schlacht.

In Worringen lebte man im Mittelalter nicht nur von Fischfang und Landwirtschaft. Als größte Ansiedlung zwischen Köln und Neuss profitierte man auch vom Handelsverkehr, der die Existenz mehrerer Gasthöfe ermöglichte. Weil der Ort nicht nur finanzielle, sondern auch strategische Bedeutung hatte, stand hier zudem eine Burg des Erzbischofs. Das Schlachtendenkmal weist darauf hin, dass diese Festung auf Geheiß der Sieger zerstört werden musste. Und aus Worringer Sicht wird stolz angehängt, dass die dabei frei gewordenen Steine beim Bau der Kölner Stadtmauer Wiederverwendung fanden.

Die am 5. Juni 1988 zur 700-Jahr-Feier der Schlacht eingeweihte Stele ist ein Werk des Worringer Steinmetzen und Bildhauermeisters Hilarius Schwarz. Er zeichnet zudem für eine bedeutende Figur des Kölner Rathausturmes verantwortlich: Gerhard von Rile, genannt Meister Gerhard, den ersten Kölner Dombaumeister.

Adresse St.-Tönnis-Straße 33 | **ÖPNV** Bus 120, Haltestelle St.-Tönnis-Straße | **Tipp** Wer einmal so weit in den Norden der Stadt vorgedrungen ist, sollte sich einen Gang durch das urtümliche Naturschutzgebiet »Worringer Bruch« nicht entgehen lassen.

86 Schloss Arff

Die Maison de Plaisance am Chorbusch

Seinen Namen hat dieses aparte Schloss von den mittelalterlichen Rittern van der Arffe, die seit dem 14. Jahrhundert bezeugt sind. Nach der Zerstörung des Vorgängerbaus im Truchsessischen Krieg (1583–1586) entstand das Schloss in seiner heutigen barocken Form zwischen 1750 und 1755. Die Pläne dafür stammten von dem Franzosen Michel Leveilly, damals Hofarchitekt des Kurfürsten Clemens August. Er war auch Bauleiter des ähnlich anmutenden Schlösschens Falkenlust in Brühl. Beide Gebäude gehören zum Typus der sogenannten Lustschlösser (frz.: maison de plaisance): ländliche Dependancen, in denen der Adel den Sommer genoss und hin und wieder ein paar Enten schoss.

Ursprünglich war Schloss Arff von einem Wassergraben umgeben, der vom hier vorbeifließenden Pletschbach gespeist wurde. Als der Grundwasserspiegel sank, gab man den Rundkanal auf, der ohnehin nur als optischer Akzent gedient hatte. Militärische Zwecke hatten bei seiner Anlage keine Rolle gespielt.

Heutzutage besteht das Ensemble aus dem schlank-verspielten Haupthaus und zwei langgestreckten, vorgelagerten Wirtschaftsgebäuden. Die weite Landschaft um das Schloss herum gehört ganz den Pferden. Mehrere Reitställe teilen sich die Weiden, die gen Norden an das Dörfchen Hackenbroich grenzen – dort beginnt das Terrain der Stadt Dormagen.

Schloss Arff ist nicht frei zugänglich, kann jedoch inzwischen für Hochzeiten, Tagungen et cetera angemietet werden. Jenseits dessen lässt sich der Ausflug nahtlos mit einem Spaziergang durch den westlich angrenzenden Chorbusch verbinden. Das Revier ist neben dem Gremberger Wäldchen und dem Nüssenberger Busch (siehe auch Seite 140) das letzte Altwaldgebiet innerhalb der Kölner Grenzen. Die artenreiche Bodenflora bringt hier seit Jahrhunderten einheimische Bäume wie Eichen, Buchen, Linden, Ahorn und verschiedene Nadelgehölze hervor.

Adresse Schloß-Arff-Straße | www.schloss-arff.de | **ÖPNV** Bahn S 11, Haltestelle Worringen; Bus 120, Haltestelle Baptiststraße, danach jeweils etwa 20 Minuten zu Fuß | **Tipp** Von Leveilly stammt neben Schloss Falkenlust auch der Nordflügel des sehenswerten Schlosses Augustusburg in Brühl. Diese sind zudem auch von innen zu besichtigen.

87 Das schmalste Haus
Ein Flur als Wohnung

Hausbesitzer sprechen gern von ihren »eigenen vier Wänden«. Wer jedoch im Eigelstein Nummer 115 wohnt, der verfügt lediglich über zwei eigene Wände, und die sind zudem aus Glas. Kölns schmalstes Haus nutzt nämlich zugunsten der Raumfülle die Nachbarhäuser. Deren Außenmauern sind zugleich die Innenwände des charmanten Lückenfüllers, die Geschossdecken wurden eingelassen wie die Bretter eines Regals.

Die Fassade zum Eigelstein hin besteht aus einer fast vier Meter hohen Eingangstür und einer verschachtelten, mit hölzernen Fensterrahmen aufgelockerten Glasfront. Wer dieses mit Bedacht integrierte Haus heute betrachtet, der wundert sich, warum man nicht schon viel früher, also vor 1996, auf die Idee kam, es zu errichten. Aber eine derart schmale Schneise verlangt wohl ein gehöriges Maß an Bauherrenphantasie. Lediglich 2,56 Meter breit sind die vier Etagen, dafür jedoch jeweils 33 Meter lang. Was für andere nur ein langer Flur ist, heißt hier: Wohnung.

Realisiert wurde das Projekt von den Architekten Arno Brandlhuber und Bernd Kniess, die sich einiges einfallen lassen mussten, um den Spalt bewohnbar zu machen. Dass als Material vor allem Glas zum Einsatz kam, war angesichts der prekären Lichtverhältnisse selbstverständlich. Da an ein Treppenhaus nicht zu denken war, entschied man sich für eine Freitreppe, zu der man über den Hinterhof gelangt. Und weil dieser befahrbar ist, gönnte man sich zuletzt auch noch den Luxus einer eigenen Garage.

Seit 2007 behauptet man übrigens in Kiel, das schmalste Haus Deutschlands errichtet zu haben. Begründet wird dies mit den gerade einmal 80 Zentimetern, die der Bau nach hinten heraus breit ist. Aber das Grundstück läuft konisch zu, und deshalb präsentiert man den Rekordforschern hier nur die halbe Wahrheit. Die Straßenfront des Gebäudes misst nämlich 4,70 Meter und ist damit doppelt so breit wie der Kölner Konkurrent.

Adresse Eigelstein 115 | **ÖPNV** Bahn 6, 12, 15, 16, 18, Haltestelle Ebertplatz | **Tipp** Architektonisch interessant ist auch ein Spaziergang durch die nahe gelegene Gasse Im Stavenhof, wo sich Mittealter und Postmoderne die Hand geben (siehe auch »111 Kölner Orte«, Band 1).

88_Die Schnüsse-Tring-Statue
Ein Brunnen-Denkmal für eine Dienstmagd

Wie muss man sich eine Hausangestellte vorstellen, die um die Mitte des 19. Jahrhunderts herum ablehnt, die Windeln zu waschen; die zu Karneval eine Woche freihaben und auch ansonsten so spät nach Hause kommen will, wie es ihr passt; die ihren Anteil an Luxusgütern wie Wein und Fleisch einfordert, während das Wasser- und Kohlenholen andere besorgen sollen? – Solch eine Frau, wenn sie denn auch nur annähernd so war, muss man wohl als frühe Emanze bezeichnen.

Jene Kölnerin, von der hier die Rede ist, hieß Katharina und stammte aus Ossendorf. Ihren Spitznamen »Schnüsse Tring« bekam sie von dem Heimatdichter und Komponisten Joseph Roesberg (1824–1871), bei dessen Schwester sie angestellt war. Roesberg gilt als der Willi Ostermann des 19. Jahrhunderts. Er schrieb über 60 Karnevalslieder, mehrere von ihnen wurden zu beliebten Hits und setzten sich im Volksgut fest. Seinen berühmtesten Song stellte er erstmals auf einer Sitzung der »Großen Karnevalsgesellschaft von 1823« am 30. Januar 1859 vor. Es war ebenjenes Lied von der aufmüpfigen Schnüsse Tring, die er auf dem schwesterlichen Hof persönlich erlebt hatte. Die Komposition wurde zum Ohrwurm und zählte viele Jahre lang zum unentbehrlichen Repertoire auf Kölner Sitzungen und Bällen.

Katharinas Denkmal, der Schnüsse-Tring-Brunnen, wurde 1982 errichtet. Er geht vor allem auf die Initiative von Heinz Thiebes zurück, der vierzig Jahre lang Präsident der Ossendorfer KG Schnüsse Tring war. Die Dienstmagd zeigt sich hier mit Eimer und Besen bewaffnet, wirkt aber – so kennt man sie aus Roesbergs Lied – nicht so recht glücklich mit diesen Utensilien. Ihr schiefes Lächeln und der leicht geneigte Kopf scheinen jedenfalls einen gehörigen Widerwillen gegen die anstehende Tätigkeit auszudrücken. Der Rücken gestärkt wird ihr von der schlicht-funktionalen Dreifaltigkeitskirche, eingeweiht 1966.

Adresse Joseph-Roesberg-Platz | **ÖPNV** Bahn 5, Haltestelle Margaretastraße | **Tipp** Zweihundert Meter weiter südlich liegt an der Rochusstraße eine hübsche Grünanlage. Das Grab von Joseph Roesberg findet sich auf Melaten, Lit. E zwischen östlichem Hauptweg (HWG) und Lit. H.

89 Die Schwarze Mutter Gottes

Marienkult an der Schwalbengasse

Die Schwarze Mutter Gottes von St. Maria in der Kupfergasse ist bis heute eine der beliebtesten Heiligenfiguren der Stadt. Zu jeder Stunde sieht man hier, vor dem zierlichen Rokoko-Gitter, Gläubige sitzen und beten. Das aus Lindenholz gefertigte Werk kam im Jahr 1630 mit den flämischen »Unbeschuhten Karmeliterinnen« nach Köln. 1675 wurde ihr zu Ehren die Loretokapelle errichtet, die seit Anfang des 18. Jahrhunderts von einem barocken Kirchenbau umschlossen ist.

Schwarze Göttinnen sind keine Erfindung des Christentums, sondern werden bereits seit Jahrtausenden verehrt. Ob bei den Ägyptern, Griechen oder Kelten – überall lassen sich schwarze, weibliche Kultfiguren nachweisen. Um der Anbetung ein genuin christliches Fundament zu geben, wird in der Forschung gern auf das Hohelied Salomons aus dem Alten Testament verwiesen. Dort heißt es an einer Stelle: »Ich bin dunkel, aber schön.« Dass dieser Vers eingebettet ist in ein deutlich erotisches Gedicht über die Annäherung zweier Liebender, kongruiert durchaus mit einigen Facetten des späteren christlichen Marienkults.

Schön ist sie übrigens wirklich, die Kölner Madonna. Das eindrucksvolle, »moderne« Gesicht zeugt vom Stolz auf das Kind in ihren Armen, aber auch von tiefer Ruhe und Glaubensfestigkeit. Die zahlreichen goldenen Insignien auf ihrem Haupt und an ihrem Hals stören den Anblick eigentlich mehr, als sie ihn befördern. Viele gehen auf Stiftungen Gläubiger zurück, deren Gebete hier angeblich erhört wurden. Bis zum Ende des 18. Jahrhunderts hing neben der Schwarzen Madonna sogar eine doppelherzförmige Lampe mit den entsprechenden Organen eines zum Katholizismus konvertierten Fürstenpaares. Das Ensemble aus Fleisch und Gold ging jedoch nach der Säkularisierung durch die Franzosen verloren.

Adresse Schwalbengasse 1 | www.kupfergasse.de | **ÖPNV** Bahn 3, 4, 5, 16, 18, Haltestelle Appellhofplatz | **Öffnungszeiten** Mo–Sa 8.30–17.30, So 12.15–17 Uhr | **Tipp** Die Kirche beherbergt als weitere bedeutende Sehenswürdigkeit ein Pestkreuz aus dem 14. Jahrhundert.

90 Der Siegfried
Ein seltsamer Held in der Salzgasse

Es ist schon auf den ersten Blick ein sehr unkölsches Denkmal, das da von einer Hauswand aus auf die Salzgasse herunterblickt. Während am Ostermannbrunnen kölsche Milieufiguren prangen und vor Groß St. Martin die Knollendorfer Knollennasen von Tünnes und Schäl leuchten, handelt es sich hier um einen muskulösen, obendrein recht nackten Mann. Ein gewaltiges Schwert hält er in der Hand, und zu seinen Füßen liegt ein besiegter Drache. Eine richtig gute Figur macht unser steinerner Held allerdings trotzdem nicht. Irgendwie wirkt er künstlerisch misslungen, schlecht proportioniert und ungelenk. Wie er da sein rechtes Bein vorschiebt, das hat etwas von einem unsicheren, verschwitzten Nachwuchsmodel. Und was den Betrachter schließlich am stärksten irritiert: Statt einer wallenden Heldenmähne trägt dieser Siegfried seine Haare kurz und akkurat gescheitelt.

Kein Wunder, denn männliche Langhaarfrisuren waren in den 1930er Jahren nicht gerade en vogue. Auch der mythologische Siegfried hatte sich um 1935, als diese Steinfigur entstand, der vorherrschenden Mode anzupassen. Verschiedene Quellen besagen, dass Siegfrieds Drachenkampf damals als Symbol für den nationalsozialistischen Sieg des Rechts über Verbrechen und Anarchie verstanden wurde. Aber warum er ausgerechnet über der so harmlosen Salzgasse angebracht wurde, bleibt ein Rätsel.

Heldisch ging es hier nämlich nie zu, die Straße diente genau jenem Produkt, nach dem sie seit eh und je benannt ist: dem Salz. Hier holten sich die Fischhändler ihr Material zum Pökeln von Salzheringen, einem von Kölns berühmtesten Exportartikeln. Und hierhin kamen auch die kölschen Hausfrauen, die in Ermangelung von Tiefkühlschränken ebenfalls Salz zur Konservierung verschiedener Lebensmittel benötigten. Wenn sich überhaupt eine Analogie zwischen Gasse und Held herstellen lässt, dann diese: Auch Siegfried wurde irgendwann die Suppe verSALZen.

Adresse Ecke Salzgasse und Buttermarkt | **ÖPNV** Bahn 1, 7, 9, Bus 132, 133, jeweils Haltestelle Heumarkt | **Tipp** Fischmarkt, Salzgasse, Lintgasse und Unter Käster bilden ein historisches Karree. Während in der Lintgasse die Fischkörbe geflochten wurden, entstanden Unter Käster die Heringsfässer.

91 Die Simultanhalle
Stadtbekannte Wellen in Volkhoven

Wer hier uninformiert und zufällig vorbeikommt, dem wird die Dachform dieses Gebäudes seltsam vertraut erscheinen: konvexe Wellen, die auf dem Scheitelpunkt zu einer kleinen, senkrechten Stufe abfallen, um sodann diagonal auszulaufen bis zum nächsten Bogen. Irgendwo habe ich diese eigenwillige Form schon einmal gesehen, sagt man sich. Und früher oder später wird der Betrachter dann darauf kommen, dass er hier vor einem verkleinerten Imitat des Museums Ludwig steht. Aber wie kam es nach Volkhoven?

Das Gebäude mit der Doppelwelle auf dem Haupt war ursprünglich lediglich als Versuchsdummy gedacht gewesen. 1979 demonstrierten hier die Ludwig-Architekten Busmann und Haberer ihre Vorstellung von den oberen Ausstellungsräumen im geplanten Museum. Neben den Lichtverhältnissen wurden außerdem die zukünftigen Bodenbeläge und Wandverkleidungen simuliert. Seinen Namen »Simultanhalle« bekam das seltsame Gebäude dann 1986, als es zeitgleich mit der Museumseröffnung des Ludwig Ort einer Kunstaktion wurde. Die Künstler/-innen Ulrich Tillmann, Maria Vedder und Bettina Gruber spielten seinerzeit genau mit dieser Simultanität der Ereignisse. Immer wieder wurde die Halle seitdem für temporäre Ausstellungen genutzt, und bis heute steht dabei junge, zeitgenössische Kunst im Vordergrund.

Die Simultanhalle befindet sich auf einem ehemaligen Schulgelände, dem Ort eines in die Stadtgeschichte eingegangenen Amoklaufs. Hier stürmte am 11. Juni 1964 ein mit einem Flammenwerfer bewaffneter Geisteskranker seine alte Schule. Er tötete zwei Lehrerinnen und acht Kinder, zwanzig weitere wurden zum Teil schwer verletzt. Nach den beiden Lehrerinnen wurden neue Schulen benannt, den Kindern errichtete man eine Gedenkstätte auf dem Friedhof in Weiler. Und über dem Eingang der schon lange geschlossenen Lehranstalt erinnert eine schlichte Tafel an die Toten von damals.

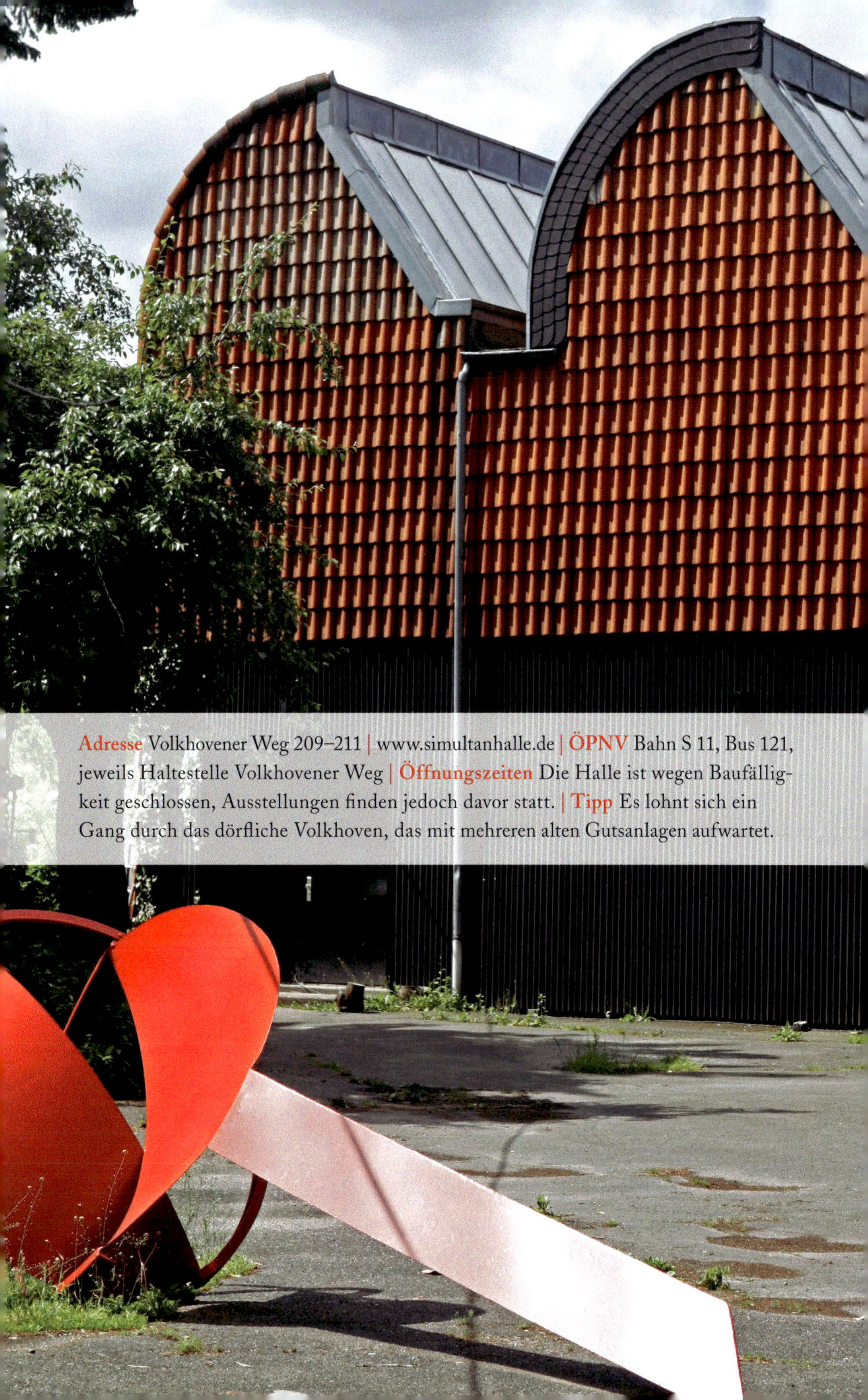

Adresse Volkhovener Weg 209–211 | www.simultanhalle.de | **ÖPNV** Bahn S 11, Bus 121, jeweils Haltestelle Volkhovener Weg | **Öffnungszeiten** Die Halle ist wegen Baufälligkeit geschlossen, Ausstellungen finden jedoch davor statt. | **Tipp** Es lohnt sich ein Gang durch das dörfliche Volkhoven, das mit mehreren alten Gutsanlagen aufwartet.

92 Der Skulpturenpark
Kunst im Grünen

Seit 1997 gibt es ihn nun schon, den Skulpturenpark Köln. Und obwohl er sehr zentral gelegen ist, kann man hier immer noch einsame Stunden zubringen.

Es war ein brachliegendes Parkgelände zwischen Zoo und Rheinuferstraße, das dem Kunstsammler-Ehepaar Michael und Eleonore Stoffel ins Auge fiel. Um hier ihre Vision eines öffentlichen Skulpturenparks zu verwirklichen, gründeten sie eine Stiftung und holten die Stadt Köln mit ins Boot. Trotz deren Unterstützung wird das Areal bis heute privat betrieben.

Auf dieser Basis entstand auf 25.000 Quadratmetern eine Landschaft, in der Kunst und Natur eine seltene Symbiose eingehen. Das Konzept der Stiftung sah von Anfang an eine Konzentration auf zeitgenössische und avantgardistische Kunst vor. Ob Frank Stella, Tobias Rehberger, Ulrich Rückriem, Joel Shapiro oder Bonnie Collura – in Riehl am Rhein trafen und treffen Größen der internationalen Bildhauerei aufeinander. Und dies nicht in musealer Statik, sondern dynamisch. Um die gegenwärtigen Entwicklungslinien deutlich zu machen, werden die Ausstellungen etwa alle drei Jahre komplett überarbeitet. So begann mit dem Jahr 2011 die KölnSkulptur 6, die das Gelände unter anderem um Arbeiten von Mandla Reuter (der Baum auf dem Gehweg) und Johannes Wald (fellbedeckter Findling) bereichert. Außerdem ist nun auch das zentrale Stiftungsgebäude mit dem auffälligen Dach-Hubschrauber frei zugänglich. Bereits seit der ersten Ausstellung im Park vertreten ist die Kölnerin Rosemarie Trockel mit ihrem »L'Arc de Triomphe (Der armselige Baum/Die Zuwenignis)«: Zwei hängende Atlaszedern bilden zwei Bögen, deren einer auf einem im Boden verankerten, spitz nach oben zulaufenden Aluminiumkegel endet. Auch hier also wieder zu beobachten: das spannende Zusammenspiel von künstlichem und natürlichem Wuchs und die daraus resultierenden Harmonien beziehungsweise Irritationen.

Adresse Zwischen Elsa-Brändström-, Rheinufer-, Riehler Straße und Zoobrücke, Eingang: Riehler Straße schräg gegenüber vom Zoo | www.skulpturenparkkoeln.de | **ÖPNV** Bahn 18, Haltestelle Zoo; Bahn 5, 16, Haltestelle Reichensperger Platz | **Öffnungszeiten** April–Sept. 10.30–19, Okt.–März 10.30–17 Uhr | **Tipp** Ein weiterer Skulpturenpark findet sich auf dem Gelände des ehemaligen Stammheimer Schlosses (siehe auch »111 Kölner Orte«, Band 1).

93 Das Stadtmodell
Köln en miniature

Irgendwann einmal soll es 12 mal 12 Meter groß sein, das Kölner Stadtmodell. Im Maßstab von 1:500 wird es dann eine Realfläche von 6 mal 6 Kilometern abbilden, von Lindenthal bis Kalk und von Nippes bis Bayenthal. Grundlage des Plattenrasters ist die Gauß-Krüger-Projektion, eine in vielen Ländern übliche Kartenprojektion für großmaßstäbliche Abbildungen.

Die einzelnen Platten des Kölner Modells bestehen zunächst einmal aus MDF, auf das Höhenlinien, Gehwege und Uferböschungen aus Pappelsperrholz aufgetragen werden, aufgelockert durch grüne Schaumstoffbäume. Die lediglich schematisch wiedergegebenen Gebäudekomplexe bestehen hingegen aus Uriol, einem besonders gut zu verarbeitenden, kantenstabilen Epoxidharz. Nur besonders bedeutsame Bauwerke wie der Dom erhalten eine individuelle Optik. Um flexibel auf alle zukünftigen Entwicklungen reagieren zu können, werden alle Modellteile mit Gewindehülsen verschraubt und die Plattenübergänge mit Steckverbindungen gesichert. Pro Platte müssen rund 15.000 Euro veranschlagt werden.

Das faszinierende Kölnbild en miniature verdankt sich einem Anstoß aus den Reihen des Kölner Zweigs beim Bund Deutscher Architekten (BDA) im Jahr 1991. Seit 1993 arbeitet die Initiative Kölner Stadtmodell unter dem Dach der Freunde und Förderer des Kölnischen Stadtmuseums. Und seit dem Januar 2004 ist das Stadtmodell an einem zentralen Ort zu besichtigen, dem sanierten, glasüberdachten Innenhof des Spanischen Baus. Obwohl noch längst nicht vollständig, hat man es hier mit einer Lego-Landschaft von durchaus imposanten Ausmaßen zu tun. So mancher Innenstadtbewohner wünscht sich einen begehbaren Überbau, um seine Straße, seine Wohnung zu finden. Und obwohl hier großer Wert auf Realitätsnähe gelegt wird, erscheint das Panorama ein wenig idealisiert. Vor allem die himmelblaue Färbung des Rheins, machen wir uns nichts vor, ist nicht von dieser Welt.

Adresse Rathausplatz | ÖPNV Bahn 1, 7, 9, Bus 133, jeweils Haltestelle Heumarkt; Bus 132, Haltestelle Rathaus | Öffnungszeiten Mo, Mi, Do 8–16, Di 8–18, Fr 8–12 Uhr | Tipp Köln im Kleinen, das ist auch das Thema des Meistermann-Fensters an der Wendeltreppe des Spanischen Baus (siehe auch »111 Kölner Orte«, Band 1).

94 Stadtpatron Marsilius
Vom Marsilstein zum Gürzenich

Neben Agrippina, ihrem Großvater Agrippa und den Heiligen Drei Königen gilt der Römer Marsilius als einer der Kölner Stadtpatrone. Sein Ruhm basiert auf einer historisch nicht belegten Episode, die sich im Jahr 69 n. Chr. zugetragen haben soll. In den Wirren kurz nach Neros Tod hatte sich der niedergermanische Befehlshaber Vitellius in Köln zum römischen Kaiser krönen lassen. Er galt als unbeherrschter, gewalttätiger Trunkenbold, vermutlich war er schwerer Alkoholiker. Bei seiner Truppe soll er wegen dieser Eigenschaften nicht ganz unbeliebt gewesen sein. Die Kölner jedoch bevorzugten statt seiner den Hauptmann Marsilius. Und so kam es, dass Vitellius die Stadt belagerte, bis Marsilius wegen Holzmangels kurz vor der Aufgabe stand. Aber die Kölner verfielen auf einen Trick. Während durch ein Tor die – behelmten und uniformierten – Frauen aus der Stadt drangen, näherten sich die Bewaffneten durch ein anderes. So konnten sie dem Feind, der sich den Frauen zugewandt hatte, in den Rücken fallen. Vitellius wurde zurückgeschlagen, Marsilius zum Kölner Helden.

Bis etwa 1740 wurde sein Andenken vor allem am Marsilstein bei St. Aposteln wachgehalten, nach dem heute eine kleine Straße ein paar Meter weiter südlich benannt ist. Denn der Marsilstein, das war ein auf zwei Pfeiler gestützter steinerner Bogen, der angeblich Marsilius' Sarg trug. Anderthalb Jahrtausende stand er dort, aber nachdem 1566 bereits ein Teil der Ruine eingestürzt war, wurde der Rest 180 Jahre später einer Straßenregulierung geopfert. Ob es sich in Wirklichkeit eher um einen Teil der römischen Wasserleitung gehandelt hatte, ist umstritten.

Und so muss man heutzutage zum Gürzenich pilgern, um dem Marsilius zu huldigen. Eine in die Wand gearbeitete Statue an der Ostseite des alten Festhauses zeigt ihn mit Bart, Lanze und Stadtwappen. Die Inschrift besagt: »Marsilius war Heide und der sehr Stolze/Behielt Köln und sie fuhren zu Holze.«

Adresse Gürzenich, Martinstraße 29 | **ÖPNV** Bahn 1, 7, 9, Bus 132, 133, jeweils Haltestelle Heumarkt | **Tipp** Eine weitere Marsilius-Abbildung findet sich im nördlichen Seitenschiff des Doms. Auf dem Glasfenster »Christi Geburt« (1509) steht er unten rechts, in der Hand das Stadtwappen mit den drei Kronen.

95 Standortmitte

Wo Deutschlands erste Autobahnstrecke begann

Seit dem Herbst 2008 ziert den Bonner Verteiler eine 50 Meter hohe, leuchtend rote Stele. Und wer von hier aus ins rund 30 Kilometer entfernte Städtchen Bonn fährt, wird dort die gleiche edelschlichte Skulptur wiedersehen. Beide zusammen bilden das Kunstwerk »Standortmitte«, so getauft von seinem Schöpfer, dem Bildhauer Lutz Fritsch.

Der Kreisverkehr im Kölner Süden liegt an historisch aufgeladener Stelle. Denn zum einen kreuzen sich hier mit der Bonner Straße und dem Militärring eine bedeutende römische und eine für die Stadtgeschichte nicht minder wichtige preußische Trasse. Zum anderen darf sich Köln rühmen, vom Bonner Verteiler aus die erste deutsche Autobahn in Betrieb genommen zu haben.

Man schrieb den 6. August 1932, als Hans Fuchs, Oberpräsident der Rheinprovinz, diese reine »Kraftwagenstraße« freigab. Wenige Jahre zuvor war in der Eifel mit dem Nürburgring eine Rennstrecke eröffnet worden. Auch die Berliner Automobil- und Verkehrsübungsstraße (AVUS, 1921) fungierte lange Zeit lediglich als Renn- und Teststrecke, während man in Köln an einer echten Alltagsbahn bastelte – kreuzungsfrei und mit vier Fahrstreifen.

Dem Bau waren langwierige Untersuchungen vorausgegangen. Zunächst hatte man die Strecke Köln–Düren–Aachen ins Auge gefasst. Dass man sich schließlich für die Verbindung nach Bonn entschied, mag nicht zuletzt daran gelegen haben, dass sie Mitte der 1920er Jahre die meistbefahrene von ganz Deutschland darstellte. Der Durchschnitt lag bei 4.000 Fahrzeugen pro Tag, ein Klacks gegenüber den rund 70.000 heutzutage.

Ganz nebenbei widerlegt diese Geschichte auch die Nazi-Mär, dass man Hitler den Aufbau des deutschen Autobahnnetzes zu verdanken habe. Denn die Pläne lagen schon Jahre vor seiner Machtübernahme auf dem Tisch und wären im Laufe der 1930er so oder so verwirklicht worden.

Adresse Am südlichen Ende der Bonner Straße | **ÖPNV** Bus 132, Haltestelle Arnoldshöhe | **Tipp** Naheliegend ist eine Fahrt zum Verteilerkreis in Bonn unter dem Gesichtspunkt: Ab wann kommt die dortige Stele ins Blickfeld? Der Weg zurück erinnert dann schon an den Wettlauf von Hase und Igel.

96 Die Stegerwaldsiedlung
Kölns erste Trabantenstadt

Irgendwie will hier keine Erinnerung aufkommen an Vororte wie Chorweiler, Neubrück oder Meschenich. Dafür geht es in der Stegerwaldsiedlung viel zu beschaulich zu, und dafür sind hier auch die Häuser nicht hoch genug. Bis maximal acht Stockwerke wachsen gen Himmel, dominant jedoch sind Mietsblöcke mit lediglich vier Etagen. Dass die rheinischen Stadtplaner in Mülheim vergleichsweise behutsam vorgingen, liegt nicht zuletzt an der Entstehungszeit der Häuser. Die Stegerwaldsiedlung ist nämlich rund zwanzig Jahre jünger als die vergleichbaren Projekte im Norden, Süden und Osten der Stadt.

Bevor hier ab 1951 die ersten Wohnbauten hochgezogen wurden, standen an der Deutz-Mülheimer Straße die Produktionsstätten der Firma Van der Zypen & Charlier. Das 1845 gegründete Unternehmen war auf den Bau von Waggons und Triebwagen spezialisiert, unter anderem wurden hier die ersten Fahrzeuge der Wuppertaler Schwebebahn (ab 1895) und der Berliner S-Bahn (1902) gefertigt.

Während das Unternehmen weiter fusionierte und expandierte, wurde das Deutzer Werk noch vor 1933 aufgegeben und dann im Zweiten Weltkrieg fast völlig zerstört. Die aus den Trümmern erstandene Siedlung sollte ausdrücklich »breite Bevölkerungskreise« anziehen, was in der Praxis letztlich immer bedeutet: Sie war mehr oder weniger der Unterschicht vorbehalten. Wohneinheiten mit bis zu sechs Zimmern boten Platz für Großfamilien, gleichzeitig richtete man hundert Kleinstwohnungen für ledige Frauen ein. Ein Altenwohnheim, ein Kindergarten, ein Bürgerzentrum und Kirchen beider christlichen Konfessionen ergänzten das Paket. Und um hier möglichst schnell »Leben in die Buden« zu bekommen, waren auch die Mieten erträglich: Im Jahr 1956 betrugen sie zwischen 19 und 47 Euro im Monat, was etwa einem Zehntel des damaligen Durchschnittseinkommens entsprach.

Adresse Zwischen Deutz-Mülheimer Straße und Pfälzischem Ring | **ÖPNV** Bahn 3, 4, Haltestelle Stegerwaldsiedlung | **Tipp** Wer dem Pfälzischen Ring gen Norden folgt, gelangt nach wenigen hundert Metern zum Mülheimer Stadtgarten (siehe auch Seite 86).

97 Das Straßenbahnmuseum
Von der Päädsbahn bis heute

Man betritt dieses Museum ganz themengerecht durch einen ins Mauerwerk integrierten alten Straßenbahnwaggon. Durch den als Restaurant genutzten Vorraum gelangt man in die riesige Ausstellungshalle, die ab 1905 als Wagendepot des Betriebshofes Thielenbruch diente. Auf über 2.500 Quadratmetern werden hier 20 historische Kölner Straßenbahnen präsentiert.

Im Eingangsbereich fallen einige Glasvitrinen auf, die originelle Bastelarbeiten beinhalten: Mit Fotos, Pappe, Schere und Kleber wurden Modellwelten von zeitgenössischen Kölner Bahnstationen erschaffen. Von hier aus sticht auch sofort eines der echten Schätzchen dieses Museums ins Auge, die Pferdewagenbahn 211 von 1894. Dreißig Jahre lang ging die öffentliche Personenbeförderung mit der sogenannten »Päädsbahn« vonstatten, begonnen am 20. Mai 1877 auf der Strecke Kalk–Deutz. Ab 1889 waren dann auch die durch den Abriss der Stadtmauer neu geschaffenen Ringe erschlossen. Gleich nebenan steht mit dem Wagen 407 ein Modell der ersten elektrischen Kölner Straßenbahn. Eingeführt 1901, verfügte die Stadt sieben Jahre später bereits über 371 Exemplare dieses Typs. Weil keine Originale erhalten sind, wurde der 407 aus einem 1902 gebauten Bonner Triebwagen modelliert. Auf den beiden gegenüberliegenden Längsbänken fanden maximal 16 Passagiere Platz, aber dann wurde es auch eng. »Damen mit ungeschützten Hutnadeln«, so heißt es in der Beförderungsordnung, mussten draußen bleiben.

Das Kopfende der Halle ist den zahlreichen Stelltafeln vorbehalten, die die Geschichte des Kölner Straßenbahnwesens nachzeichnen. Vertiefen lassen sich die Informationen in einem angrenzenden separaten Ausstellungsraum, wo verschiedenste Utensilien und Werkzeuge aufbewahrt werden. Hier stößt man unter anderem auf historische Fahrscheine, Schaffnertaschen, Plakate und Werbematerialien der Verkehrsbetriebe.

Adresse Ecke Otto-Kayser- und Gemarkenstraße | www.hsk-koeln.de | **ÖPNV** Bahn 3, 18, Haltestelle Thielenbruch | **Öffnungszeiten** März–Dez. jeweils jeden 2. So im Monat, 11–17 Uhr | **Tipp** In Richtung der Bergisch-Gladbacher Straße erstreckt sich das ab 1905 angelegte Thielenbrucher Villengebiet, aus dem der Stadtteil einst hervorging.

98 Der Stüttgenhof
Ländliches Idyll am Waldesrand

Man kann sich dem Stüttgenhof per Auto von der Dürener Straße her nähern. Schöner ist es jedoch, mit der Bahn bis zur gleichnamigen KVB-Haltestelle oder direkt mit dem Fahrrad zu fahren. Auf diese letztere Art nämlich gewinnt man einen Eindruck von der ursprünglichen Abgelegenheit des Gehöfts. Von Osten oder Süden kommend durchquert man den kompletten Äußeren Grüngürtel, um sodann von der Bachemer Landstraße aus auf den Stüttgenweg abzubiegen.

Seine erste urkundliche Erwähnung fand der Hof im Jahr 1271 als Villa Stute. 1336 wird der Kölner Patrizier Johann von Spiegel zum Irrgang durch Heirat zum Besitzer. Die Familie von Spiegel stellte im 13. und 14. Jahrhundert mehrmals den Kölner Bürgermeister. Das Hauptmotiv dafür, hier ein Gehöft anzulegen, bildete sicherlich der vorbeifließende Frechener Bach, der als Quelle für Trinkwasser und zur Bewässerung der Felder diente. Auch heute noch ist der Stüttgenhof von Wasser umgeben: Ein breiter, von Wiesenböschungen und Sträuchern gesäumter Graben zieht sich um das gesamte Gebäudeensemble. Das große Tor des inzwischen als Wohnanlage genutzten Hofes steht tagsüber offen.

Vor dem Hof befindet sich seit dem Weltjugendtag 2005 ein historischen Meilensteinen nachempfundener Obelisk aus Basaltlava (siehe auch Seite 126). Das Werk des Kölner Künstlers Sepp Hürten ist die fünfte Station des damals geschaffenen Adolph-Kolping-Pilgerweges, der von dessen Geburtsort Kerpen nach Köln führt. Vier Bronzetafeln schmücken das Wappen von Papst Benedikt XVI., ein Abbild Kolpings, das Logo des Weltjugendtages sowie das Wappen der historischen Schützenbruderschaften. Der siebte Stein, letzte Station des Pfades, steht übrigens auf dem Roncalliplatz. Mehrere Sitzsteine laden zum Verweilen ein und offerieren Blicke auf das stille Gehöft, den Kolping-Obelisken und über Wiesen hinweg auf den nahen Wald.

Adresse Stüttgenweg | **ÖPNV** Bahn 7, Haltestelle Stüttgenhof | **Tipp** Durch den Grüngürtel gelangt man zu den Überresten des preußischen Fort VI und dem benachbarten Felsengarten (siehe auch Seite 62).

99 Das Südstadt-Museum
2.000 Jahre Geschichte in der Holzhandlung

Ein Römergrab in der Holzhandlung? Das klingt zunächst einmal befremdlich. Aber der Holzhändler Wiljo Schumacher ist auch Kunsthistoriker und leidenschaftlicher Archäologe. Und deshalb findet sich hier, unter Glas und einer Holzklappe, ein römisches Skelett.

Der Tote lag in einem Armengrab in der Südstadt, bedeckt lediglich mit einem Dächlein aus ausrangierten Tonziegeln. Seine Überreste bilden die vielleicht aufregendste Station jener Führungen, die der Firmenchef stets höchstpersönlich leitet. »2000 Jahre Geschichte im Vringsveedel« heißt das Motto, und dieses große Grundstück an der Ecke Achter- und Landsbergstraße hat tatsächlich eine bewegte Historie hinter sich.

Im 13. Jahrhundert stand hier das Kloster Sion, bald darauf folgten ein Beginenkonvent und das Kloster Zur Heiligen Dreifaltigkeit. 1848 entstand dann an der Landsbergstraße 16 jenes prächtige neogotische Wohnhaus, das 1910 in den Besitz der Schumachers kam. Im Hof der Holzhandlung sind noch zwei Erkerköpfe zu besichtigen. Sie stammen von Eduard Renard, dem Erbauer des Heinzelmännchenbrunnens. Wer genau hinsieht, erkennt: Die linke Figur, einen schelmisch grinsenden Mann mit Revolutionsmützchen, lehnte er an den schon damals populären Jan von Werth an. Wie dieses Haus, so wurde auch die nebenan gelegene Volksbadeanstalt (1891–1945) ein Opfer der Weltkriegsbomben. Die Rückwand dieses Gebäudes, in dem man einst Duschen und Wannen mieten konnte, ist heutzutage in das Holzlager integriert.

Letzte Station jeder Führung ist stets der museale Ausstellungsraum in den Hallen der Holzhandlung. Hier finden sich zahlreiche zum Teil sehr wertvolle Fundstücke aus zwei Jahrtausenden, fein geordnet nach den verschiedenen Epochen. Sehr interessant sind neben den kulturhistorischen Dokumenten auch jene Werkzeuge, Stiche und Urkunden, die sich mit der Geschichte der Holzwirtschaft beschäftigen.

Adresse Landsbergstraße 16 | www.holzcity.de | **ÖPNV** Bahn 15, 16, Haltestelle Chlodwigplatz; Bus 132, 133, Haltestelle Rosenstraße | **Öffnungszeiten** Nach Voranmeldung im Rahmen von Führungen, Informationen unter: 0221/31 60 65 | **Tipp** Einen vertiefenden Einblick in die Geschichte des Viertels gibt auch ein Besuch der Krypta von St. Severin.

100 Der Van-Dyck-Salon
Kaffee vor »The Kitchen«

Das Excelsior Hotel Ernst liegt direkt an der viel befahrenen Trankgasse und wird von recht bodenständigen Nachbarn flankiert: rechts das Gaffel-Brauhaus, links McDonald's. Tritt man jedoch ein, stets geleitet von einem der livrierten Portiers, wechselt man über in eine völlig andere Welt. Das 1863 eröffnete Grandhotel offenbart dem Gast ein luxuriöses, zugleich jedoch geschmackvoll-gediegenes Ambiente, dominiert von Möbeln im Stil des XV. und XVI. Louis. Durchquert man geradewegs die Lobby, gelangt man in jenen ungewöhnlichen Wintergarten, der eigentlich gar keiner ist. Tageslicht sucht man hier vergeblich, die Wintergarten-Atmosphäre wird mithilfe einer hohen, komplett verglasten Decke und geschickter Lichttechnik simuliert. Vor allem nachmittags tummeln sich hier solche Gäste, die das breite Angebot an feinen Kuchen und auserlesenen Teesorten zu schätzen wissen.

Wie eine Nische schließt sich der nur 34 Quadratmeter große Van-Dyck-Salon links an den Wintergarten an. Indirektes Licht setzt einen echten van Dyck in Szene. Nicht umsonst heißt das Gemälde »The Kitchen«, trägt also einen englischen Titel. Denn der 1599 in Antwerpen geborene Anthonis van Dyck, zunächst ein Rubens-Schüler, trat 1632 in die Dienste des englischen Königs ein. Er wurde geadelt und nach seinem Tod in der St. Paul's Cathedral beigesetzt.

Seinen Kaffee (oder Whisky) kann der Besucher auch auf der Empore mit ihren holzgetäfelten Wänden und den luftig verteilten Sitzgruppen zu sich nehmen. Direkt über der Lobby gelegen, offeriert sie einen schönen Blick auf den Dom, die Domplatte und – nun ja – die Einfahrt des Dom-Parkhauses. Wie im Wintergarten und im Van-Dyck-Salon wird man auch hier täglich ab halb sieben mit live gespielter Klaviermusik berieselt. Sie dringt aus dem letzten auch für Nicht-Hotelgäste zugänglichen Raum, der benachbarten Piano-Bar.

Adresse Trankgasse 1–5 | www.excelsiorhotelernst.com | **ÖPNV** Bahn 5, 16, 18, Bus 132, jeweils Haltestelle Dom/Hbf. | **Öffnungszeiten** täglich 11–1 Uhr | **Tipp** Das Hotel beherbergt das feine asiatische Restaurant taku. Weitere Werke von Anthonis van Dyck findet man in der Barockabteilung des Wallraf-Richartz-Museums.

# 101_Die vermauerte Tür
Als St. Aposteln noch am Stadtrand lag

Man versteht nicht so recht, was man da vor sich hat. Unterhalb der seltsamen Stelle verläuft die Reihe der Parterre-Fenster. Links oberhalb in einer Nische steht eine Madonnenfigur. Und dann ist da eben dieses gerahmte Rechteck. Im ersten Moment mag man an eine geflickte Weltkriegswunde denken. Oder an ein Fenster, das zu einer geheimnisvollen Zwischenetage gehörte. Die Form jedoch passt am ehesten zu einer Tür, was sofort nach einer Anschlussfrage verlangt: Wo soll sie hingeführt haben? Floh man von hier aus den Kirchenmauern? – Der Sprung in die Tiefe wäre verdammt riskant gewesen.

Die Lösung des Rätsels hat mit der Kölner Stadtgeschichte zu tun. Heutzutage liegt St. Aposteln mitten im Zentrum, am Westende des Neumarkts. Als das romanische Bauwerk jedoch 1230 vollendet war, stand es am äußeren Rand der City – innerhalb der damals noch jungen mittelalterlichen Umfassung, aber knapp jenseits der antiken Römermauer. Um den Gemeindemitgliedern einen Weg zu bahnen, schuf man eine Verbindung von der Mauer zur Ostkonche. Eine schmale hölzerne Brücke führte vom römischen Wall zu jener heute vermauerten Tür und in den Chorumgang. Von dort aus wiederum gelangte man über eine kleine Wendeltreppe in das Innere der Kirche.

Die Römermauer wurde abgerissen. Die Tür von St. Aposteln verlor ihren Zugang und wurde für immer verschlossen. Während ihre bis heute sichtbare Rahmung Antike und Mittelalter verbindet, erinnert ein Detail an der Westseite der Kirche an die Franzosenzeit. Kommt man von der Mittelstraße aus auf das Gebäude zu, fällt ein kleines, ins Mauerwerk eingelassenes Schild ins Auge. Es stammt aus der französischen Besatzungszeit, also aus den Jahren 1794 bis 1814. Die Revolutionstruppen nummerierten die Häuser (4711!) und übersetzten die Straßennamen ins Französische. Und deshalb steht dort: »Cloître ss. Apôtres – St. Apostelnkloster«.

Adresse Apostelnkloster, www.st-aposteln.de | **ÖPNV** Bahn 1, 3, 4, 7, 16, 18, Haltestelle Neumarkt | **Öffnungszeiten** täglich 10‑13 und 14‑17 Uhr | **Tipp** An der Ecke Apostelnkloster/Mittelstraße steht das 1995 eingeweihte Konrad-Adenauer-Denkmal.

102_Der vertikale Parkplatz
Eine Brandwand zwischen Messe und Kunst

Wer nie zur Messe geht, kommt hier auch nicht vorbei. Es sei denn, er fährt auf der Zoobrücke stadteinwärts und wendet den Kopf im richtigen Moment nach rechts. Dann sieht er ihn, diesen Parkplatz an der Deutz-Mülheimer Straße 129, der Welten trennt. Auf der einen Seite: die neuen Messehallen. Und auf der anderen: das Kunst-Werk, einer der größten deutschen Atelierkomplexe, untergebracht in einem alten Industrieareal.

Im Jahr 2006 dann nahm sich das Kölner Architekturprojekt »plan« dieses Parkplatzes an. Aus dem spannenden Kontrast der heterogenen Bebauung müsse doch etwas zu machen sein, dachte man sich. Nicht umsonst steht »plan« mittlerweile seit Jahren für originelle Ideen zur urbanen Stadtgestaltung. Als Kooperationspartner gewann man das »office for subversive architecture«, kurz »osa«. Die internationale Künstlergruppe arbeitet wie »plan« an der Schnittstelle von Kunst, Architektur und Stadtplanung.

Das Ergebnis der gemeinsamen Anstrengungen wurde dann im September jenes Jahres der Öffentlichkeit präsentiert. Der spitz zulaufende Parkplatz der Messehallen findet nun seine vertikale Fortsetzung auf der monumentalen, gut 1.000 Quadratmeter großen Backstein-Brandwand des KunstWerks. Kreideweiße T- und Kreuzformen markieren die Grenzen der leicht schräg zum Rhein hin abfallenden Parktaschen. Auch die Assoziation von Waben ist nicht ganz falsch, sind doch genau hinter der Mauer die zahlreichen Ateliers der Künstler zu vermuten. Erst auf den zweiten Blick entdeckt man die im 90-Grad-Winkel aus einem Mauerloch ragende, von einem beschrifteten Dreiecksblock umgebene Metallstange. Sie entspricht genau den Laternen der Messeparkplätze. Aber während jene unten auf dem Boden mit dem Hinweis »P Presse/Press« beschriftet ist, setzt ihr in der Luft hängender Zwilling auf eine vielfältig interpretierbare Pointe: »P Künstler/Artists«, liest man dort.

Adresse Deutz-Mülheimer Straße 115 | **ÖPNV** Bahn 3, 4, Haltestelle Kölnmesse | **Tipp** Architektonisch interessant ist auch der Messe-Eingangsbereich Nord mit seiner großzügig ausgestalteten Piazza.

103 Der Vorgebirgspark
Ein Garten-Kleinod in Zollstock

Wer durch den Vorgebirgspark spaziert, macht sich möglicherweise nicht klar, dass dieser Naturraum in Verbindung zu mehreren anderen seiner Art steht. Erst ein Blick aus der Vogelperspektive (oder auf eine Landkarte) zeigt die Zusammenhänge auf. Ist doch dieser Park Teil eines Grünzuges, der stadteinwärts mit dem Volksgarten beginnt und sich sodann an Raderthal vorbei bis nach Meschenich und ins Vorgebirge zieht. Die Anlage solcher radial vom Zentrum ausgehenden Schneisen ist für Großstädte ein Segen, dienen sie doch als Frischluftkorridore, ohne die Metropolen wie Köln viel häufiger unter einer Smogkuppel hingen.

Jenseits seiner klimatischen Funktion verfügt der 14 Hektar große Park im Kölner Süden auch über ein gartenbauliches Kleinod. In der äußersten südöstlichen Ecke nämlich findet sich der sogenannte Rosengarten. Wie der gesamte Park wurde er in den Jahren 1912–1914 von dem Gartenarchitekten Fritz Encke (Kölner Gartenbaudirektor von 1903–1926) angelegt. Zentrum des Ziergartens ist ein 42 Meter langes, flaches Wasserbecken, das einst mit Seerosen bedeckt war. Sie sind wie die namensgebenden Rosenrabatten rund um den Teich herum heute verschwunden, was dem Ort aber nichts von seinem Charme raubt. Zwar sind auch hier hin wieder Vandalen am Werk, aber die örtlichen Gartenpfleger erledigen ihren Job mit viel Herzblut.

Westlich des Rosengartens öffnet sich der Park zu einer großen Freiwiese, die vor allem für Erholung und Sport der arbeitenden Bevölkerung gedacht war. Beides verband jene kleine Senke, die heute zu einem Basketballplatz umgebaut ist. Früher lag hier ein Watebecken, umgeben von einer künstlich aufgeschütteten Sandbank. Schnell entwickelte sich dieser verschwundene Teich zu einer der Hauptattraktionen des neuen Parks. Wie in heutigen Beach-Clubs genossen die Menschen auch damals die nachgeahmte Strandatmosphäre.

Adresse Vorgebirgspark, Ecke Kreuznacher und Neuenahrer Straße | **ÖPNV** Bahn 12, Haltestelle Zollstockgürtel; Bus 133, Haltestelle Rheinsteinstraße | **Tipp** Auf grünen Wegen zurück ins Zentrum gelangt man durch den Volksgarten.

104 __ Der Waldlehrpfad
Sehen, riechen, fühlen

Der Waldlehrpfad in Rath wurde im Jahr 1972 angelegt. Über dreißig Schautafeln erklären in verständlicher Sprache die Haupteigenschaften des jeweiligen Baumes oder Strauches. Bei der Auswahl der Gewächse wurden einheimische und Vertreter aus aller Welt wild gemischt, sodass sich hier ein recht globales Panorama auf die Welt der Bäume eröffnet.

Einen Rundgang startet man am besten vom Rather Forsthaus aus. Dort endet die Linie 9, und dort liegt auch ein Parkplatz. Wer dem östlich verlaufenden Weg in den Königsforst hinein folgt, der gelangt alsbald zu einer Übersichtskarte. Hier beginnt auch der Waldlehrpfad, standortgemäß mit der Kiefer, der Stieleiche und der Hainbuche. Während der Weg zunächst parallel zur A3 verläuft, wendet er sich sodann nach Norden. Hier sind Bäume wie die Winterlinde und die Sitka-Fichte zu entdecken, aber auch eher strauchartige Gewächse wie der Rote Holunder.

Am nordöstlichen Ende des leicht verwinkelten Lehrpfad-Gevierts gelangt man zum Rather Weiher, gelegen in idyllischer Waldeinsamkeit. Wer eine Pause braucht, findet hier eine Schutzhütte und Bänke, ein kleiner Trampelpfad führt um das Gewässer herum. Mitten auf dem Weiher bietet eine kleine Insel Schutz für die hier brütenden Enten und sonstigen Wasservögel. Gen Westen entert man dann bald eine moorige Senke und trifft dort auf eine Population von Sandbirken, denen in Skandinavien und Russland eine ähnliche Rolle zukommt wie den Linden und Eichen hierzulande. Entlang der Ostbebauung von Rath geht es zurück zum Parkplatz.

Insgesamt führt dieser Waldlehrpfad im Königsforst über kaum mehr als vier Kilometer, in einer guten Stunde hat man ihn bewältigt. Der Ertrag jedoch ist umso reicher. Denn hier wird nicht nur gelesen und gelernt, sondern wie in einem Freilichtmuseum zugleich auch gehört, gerochen und gefühlt. Und dies alles an der frischen Luft und ganz umsonst!

Adresse Königsforst, Rather Forsthaus | **ÖPNV** Bahn 9, Haltestelle Königsforst |
Tipp Weiter östlich existiert zudem ein sehr interessanter Bodenlehrpfad. Für Karten und Informationen siehe www.gd.nrw.de.

105 _ Der Wasserlehrpfad
Waldesbrummen in Weiler

Der Wasserlehrpfad besteht aus einer Reihe von Demonstrationsobjekten und Schautafeln, die sich direkt vor dem Wasserwerk über die ganze Breite des Gebäudes ziehen. Anhand ausgedienter Aggregate lernt man den Aufbau und die Aufgaben eines Wasserwerks kennen. Auch der Kreislauf des Wassers vom Regen über das Uferfiltrat bis zur Aufbereitung und der Weg des Trinkwassers in die Haushalte werden anschaulich dargestellt. Bis in eine Tiefe von rund 20 Metern bohren sich etwa Stahlfilterbrunnen wie der hier ausgestellte, um zum Grundwasser vorzustoßen. Dabei durchdringen sie den Rheinkies und landen in den Millionen Jahre alten Schichten des Tertiärs. Beeindruckend wegen ihrer Maße: die »horizontale doppelflutige Kreiselpumpe« von 1966, die einst das Werkswasser ins Trinkwassernetz einspeiste. Beachtlich auch wegen des technischen Wortwurms: das Edelstahl-Schlitzbrücken-Filterrohr. Musealen Charakter haben hingegen die alten Filter aus Steinzeug oder Kunstharzpressholz, die seit vielen Jahren nicht mehr verwendet werden.

Jeder Kölner trinkt rund drei Liter Wasser am Tag. Außerdem verbraucht er rund 142 weitere Liter für Körperpflege, im Haushalt oder im Garten. Der rund 300 Hektar große Mischwald rund um das Wasserwerk ist extra für die Trinkwassergewinnung aufgeforstet worden. Das Grundwasser wird angereichert mit Wasser aus der Brunnengalerie zwischen Langel und Worringen und sodann über mehrere Kilometer lange Leitungen zur Versickerungsanlage in Esch gepumpt. Dort versprüht man es in große Becken, auf dass es sich mit Sauerstoff anreichere. Der Prozess verbessert zugleich die Lebensbedingungen verschiedener Mikroorganismen, die zur natürlichen Reinigung des Wassers beitragen. Im nächsten Schritt fließt dieses Wasser dann zum Werk in Weiler. Dass hier hochtechnisiert gearbeitet wird, verrät im stillen Wald allerdings nur ein sonorer Brummton.

Adresse Wasserwerkswäldchen im Norden von Volkhoven-Weiler | **ÖPNV** Bus 125, Haltestelle Weiler; Bus 126, Haltestelle Blockstraße | **Öffnungszeiten** Der Wasserlehrpfad ist stets zugänglich. | **Tipp** Im Wasserwerk sind Besichtigungen möglich, Informationen unter www.rheinenergie.com.

106_Der Wassermannpark
Ein Vogelsanger »Triotop«

Der tief in die Landschaft eingeschnittene Wassermannsee entstand in den 1920er Jahren. Damals war es die Firma Wassermann, die dort Kies abbaute, Steine, die vor Millionen von Jahren ein alter Rheinarm hier hingespült hatte. Nachdem sich die Kiesausbeutung wirtschaftlich erschöpft hatte, wuchs das Gelände zu, ungestört und über Jahrzehnte. Der See selbst und seine zum Teil sehr steile Böschung sind heutzutage für Menschen gesperrt, 2004 wurde das Ufer mit Hochstauden und Röhricht verfestigt.

Begehbar ist hingegen das ebenfalls unter Naturschutz stehende Wald- und Buschgebiet, das sich vom See aus gen Süden und Osten erstreckt. Eine verwunschene Hügelkette – das ist das Erste, was einem einfällt, wenn man das Terrain beispielsweise vom Vogelsanger Dohlenweg aus betritt. Man kommt sich vor, als erklimme man die Hänge eines engen Moseltals, und oben angekommen muss man erst einmal verschnaufen. Entschädigt wird man für die Mühen durch einige weite Ausblicke auf die Stadt – sofern es die stellenweise sehr dichte Vegetation zulässt, sei sofort hinzugefügt. Denn die äußerst schmalen Pfade auf und rund um die Auswurfhügel sind zum Teil so zugewachsen, dass man beim Hindurchgehen sicherheitshalber den Kopf einzieht.

Wo sich das Gelände zum Wassermannsee hin absenkt, beginnt auch schon eine weitere naturnahe Attraktion, der 2007 eingeweihte Wassermannpark. Die 8.000 Quadratmeter große Wiesenlandschaft verbindet das Naturschutzgebiet mit dem neu entstandenen Gewerbepark Triotop. Die sanfte Rasenwellenstruktur erinnert an Dünenlandschaften, helle Laufstege dümpeln wie Schiffe im grünen Meer. Das »Trio« im Namen verweist zugleich auf jenes dritte Element des neuen Naturraums, die im nördlichen Teil angelegte Streuobstwiese. Ziel ist es, hier selten gewordene einheimische Äpfel und Birnen wie den »Rheinischen Krummstiel« oder »Clapps Liebling« zu züchten.

Adresse Girlitzweg bzw. neue Straße »Am Wassermann«, im Süden von Vogelsang | **ÖPNV** Bahn S 13, Haltestelle Müngersdorf/Technologiepark; Bus 141, Haltestelle Vogelsanger Markt (nördlich des Parks) oder Vitalisstraße (südlich) | **Tipp** Über die 2010 eingeweihte Belvederebrücke gelangt man nach Müngersdorf und auf die Belvederestraße mit ihren historischen Gebäuden (siehe Seite 18).

107 Der Wasserturm
… *in dem nie Wasser war*

Vor diesem Haus am Worringer Bahnhof steht eine imposante Trauerweide. Weit reckt sie die Äste, als wolle sie das Gebäude vor der Öffentlichkeit verbergen. Und vielleicht trauert sie auch ein bisschen mit jenem seltsamen Rundbau, um den das Hau herumgewachsen ist. Ein richtiger Turm sieht anders aus, aber dennoch: Eine gewisse Ähnlichkeit ist vorhanden. Und tatsächlich war er einst ziemlich genau doppelt so hoch wie heute. Ohne allerdings je seiner eigentlichen Bestimmung zugeführt worden zu sein.

Die Geschichte beginnt zu Anfang des 20. Jahrhunderts. Im Jahr 1905 war ein Vertrag über eine Wasserleitung für die Bürgermeisterei Worringen geschlossen worden. Um die Zufuhr zu sichern, machte man sich gleichzeitig an die Planung eines Wasserturms im nahen Roggendorf. 1906 begannen die Bauarbeiten, zwei Jahre später waren sie abgeschlossen – und da stand er nun, der stolze, damals 18 Meter hohe Turm. Nun jedoch begannen die Probleme. Der Bauherr war plötzlich pleite, ein Nachfolger konnte nicht gefunden werden. Der Turm blieb leer und drohte zu verfallen. Weil zudem Baumaterial rar war, machte man sich irgendwann an den teilweisen Abbruch des Gebäudes. Die Wiederverwertung nahm den kürzest möglichen Weg: Mit den frei gewordenen Steinen des Turms wurde der Anbau errichtet. Anstatt hier Wasser zu speichern, entstanden Wohnungen.

Bis heute werden Turm und Anbau privat bewohnt. Durch den Wohnraum ohne rechten Winkel führt noch immer die steinerne Wendeltreppe von 1906. Auch an anderen Stellen wurde ortsnah recycelt: Eine weitere Treppe entstammt etwa der alten Worringer Kirche. Durch die Fenster blickt man über die Straße auf den Worringer Bahnhof, hinter den Gleisen beginnt ein Hochhausareal. Der Garten hingegen grenzt direkt an das idyllische Naturschutzgebiet Worringer Bruch, einen verlandeten Rheinarm. Wenn man's genau nimmt: Kein Grund zum Trauern!

Adresse Bruchstraße 19 | **ÖPNV** S6, S11, Haltestelle Bahnhof Worringen | **In der Umgebung** Einen Spaziergang durch den Worringer Bruch sollte man sich nicht entgehen lassen.

108_Der Weiße Mönch
Ein Bildstock und seine Geschichte

Bildstöcke stehen zumeist an Wegkreuzungen und ähneln einem Tabernakel. Hinter einem Gitter, in einer Nische steht das Bildnis von Christus oder eines Heiligen, der diesen Ort beschützen soll. Nicht selten gemahnen sie auch an ein Verbrechen, das an dieser Stelle stattfand. Im Westen von Dünnwald weiß man von keinem Kriminalstück, aber von einem blutigen Kampf. Hier soll im Jahr 1250 ein Streit zwischen Köln und dem Grafen Adolf IV. ausgetragen worden sein. Den 50 gefallenen Kölnern zu Ehren sei sodann dieses Denkmal errichtet worden. Darüber hinaus ranken sich mehrere schaurige Erzählungen um den Ort. Am bekanntesten ist die des Heidengeistes, der sich hier herumtrieb, um Vorbeikommende vom Glauben abzubringen. Er soll sich herangeschlichen und den Passanten frevlerische Worte zugeflüstert haben. Wer jedoch fromm den Hut zog, den ließ der Geist unbehelligt.

Gesichert ist demgegenüber die Identität jenes Heiligen, dem der heutige Bildstock gewidmet ist: Norbert von Xanten (1080–1134), Gründer des Prämonstratenserordens. 1143 kam dann auch das Dünnwalder Kloster in die Hand der Prämonstratenser. Die größte Romanische Kirche im Rechtsrheinischen firmiert heutzutage unter dem Namen St. Nikolaus. Weil Norbert und seine Anhänger weiße Gewänder trugen, gilt er auch als der erste »Weiße Mönch«. Sein Bildnis in Form eines geschnitzten Holzreliefs wurde von einem Dellbrücker Holzbildhauer geschaffen und schmückt heute den ansonsten sehr schlicht gehaltenen Bildstock. Seit 1954 steht er auf der kleinen Dünnwalder Anhöhe, die zuvor eine 1337 gestiftete, von einem Blitzschlag zerstörte Kapelle geschmückt hatte.

Sonderlich beliebt war er im Übrigen nicht, der Norbert von Xanten. Als Ordensgründer predigte er strengste Askese, und später als Magdeburger Erzbischof verdonnerte er auch die einfachsten Priester zum – damals noch nicht so strikt gehandhabten – Zölibat.

Adresse westliches Ende der Prämonstratenser Straße, an der Grenze von Dünnwald und Höhenhaus | **ÖPNV** Bahn 4, Haltestelle Leuchterstraße; Bus 155, Haltestelle Am Weißen Mönch; Bus 157, Haltestelle Am Portzenacker | **Tipp** Die romanische Kirche St. Nikolaus liegt ebenfalls an der Prämonstratenser Straße, rund 500 Meter weiter gen Osten, direkt am Ortseingang (www.st-nikolaus-duenwald.de, geöffnet Di–Do, Sa u. So 14–18, im Winter 14–16 Uhr).

109 Der Winkel-Turm
Betonzigarre, Zuckerhut und Ameisenhügel

Im ersten Moment glaubt man einen Wasserturm vor sich zu haben. Und blickt man auf dieses metallbewehrte, spitz zulaufende Dach, denkt man möglicherweise auch an eine überdimensionale Pistolenkugel. Aber nein, beides führt in die Irre, denn bei diesem Bauwerk handelt es sich um einen Hochbunker aus dem Zweiten Weltkrieg.

Der Name »Winkel-Turm« hat dabei nichts mit der absonderlich anmutenden Form zu tun, sondern geht auf den Erfinder dieser Konstruktion zurück. Leo Winkel wurde 1885 in Köln geboren. Nach einem Studium der Architektur arbeitete er bei der Thyssen AG in Duisburg, der Stadt, in der er 1981 auch starb. Ab Mitte der 1930er Jahre entwickelte seine Firma Winkel & Co. die markanten Winkel-Türme. Das so spitze wie steil abfallende Dach sollte zugleich weniger Angriffsfläche bieten und etwaige Trefferbomben ohne Detonation seitlich abgleiten lassen. Rund 200 dieser Luftschutzbunker wurden während der Nazizeit erbaut. Sie brachten es zu mehreren Spitznamen, darunter »Zuckerhut« und »Betonzigarre«. Die Engländer hingegen sprachen vom »ant hill bunker«, dem »Ameisenhügel-Bunker«.

Der Niehler Winkel-Turm wurde 1940 auf dem Gelände der einstigen Glanzstoffwerke AG erbaut und ist bis heute in einem hervorragenden Zustand. Insgesamt 628 Schutzsuchende konnten auf den durchnummerierten Stufen der Wendeltreppe Platz finden. Vom Durchmesser von rund 15 Metern muss man allerdings die aufgrund der Bunkerfunktion beträchtliche Wandstärke von 1,50 Metern abrechnen. Im Keller- und Sockelbereich, wo die technischen Gerätschaften untergebracht waren, sind die Mauern noch einmal über einen Meter dicker. In 29 Metern Höhe erreicht man die Spitze des Turms, wo Sehschlitze eine Rundumbeobachtung ermöglichen. Auch das mechanische Sprachrohr, das von hier den Kontakt zum Bunkerwart im Tiefgeschoss gewährleistete, ist noch immer intakt.

Adresse Neusser Landstraße 2 (Ecke Militärring): Ins Gewerbegebiet einbiegen und links halten, der Bunker ist schon von Weitem sichtbar. | www.welt.unter.koeln | **ÖPNV** Bahn 12, 15, Haltestelle Wilhelm-Sollmann-Straße | **Öffnungszeiten** Im Rahmen von Führungen jeden 3. Samstag im Monat, 14 Uhr | **Tipp** Anschließen könnte sich ein Spaziergang durch das Naturschutzgebiet am nahen Ölhafen (siehe auch Seite 142).

110_Der Woensam-Prospekt
Eine Augenreise im Stadtmuseum

Durch diesen Ort muss man mit den Augen wandern, schließlich handelt es sich um keine Landschaft, sondern um ein Bild. Und dennoch gibt es hier genauso viel zu entdecken wie auf einem ausgedehnten Spaziergang. Anton Woensams »Große Ansicht von Köln« ist so unterhaltsam wie ein Wimmelbild und so aufschlussreich wie ein historischer Roman. Mit großer Sachkenntnis und Detailtreue zeigt er das Gesicht der Stadt im Jahr 1531.

Der Kölner Verleger Peter Quentell hatte Woensam mit einem Holzschnitt für Kaiser Karl V. beauftragt. Über den Künstler, der seit 1520 in Köln lebte, ist recht wenig bekannt. Sicher ist jedoch, dass er ein Meister seines Fachs war. Woensam wählte einen Standpunkt auf der rechten Rheinseite, ziemlich fern vom Ufer, um auch die Deutzer Flussfront noch berücksichtigen zu können. Auf der Schäl Sick kehren gerade die Bauern von den Feldern heim, Wiesen, Bäume und kleine Gärten ergänzen das Idyll. Auf der anderen Seite des Flusses wird hingegen noch gearbeitet. Dutzende Schiffe liegen über die ganze Breitseite der Stadt vor Anker und wollen be- oder entladen werden.

Um das komplette Panorama einzufangen, entschied sich Woensam für ein extremes Maß: Sein Bild misst 351 Zentimeter in der Breite und 39 Zentimeter in der Höhe. Für Historiker waren nicht zuletzt seine Darstellungen von Schiffen und Mühlen von Bedeutung, die wichtige Hinweise auf die damaligen Baustile lieferten. Aber auch der Laie bekommt beim Studium dieses Prospekts einen überaus lebhaften Eindruck von der mittelalterlichen Stadt. Wer sich in dieses Meer schmaler, hoher Häuser vertieft, glaubt geradezu zu spüren, wie sich das geschäftige Treiben am Hafen in der Innenstadt fortsetzt. Unzählige Kirchen ragen aus dem Dickicht hervor, Groß St. Martin dominiert als Wahrzeichen über den unfertigen Dom. Und in den Wolken schweben – so viel Mythologie muss trotz aller Realitätsnähe sein – die Stadtpatrone.

Adresse Stadtmuseum, Minoritenstraße 13 | www.koelnisches-stadtmuseum.de | **ÖPNV** Bahn 3, 4, 5, 16, 18, Haltestelle Appellhofplatz; Bus 132, Haltestelle Andreaskloster | **Öffnungszeiten** Di 10–20, Mi–So 10–17 Uhr | **Tipp** Die Erkenntnisse aus dem Stadtmuseum lassen sich danach zum Beispiel am benachbarten Lysolphturm (siehe auch Seite 118) vertiefen.

111 Die Zitronenpresse
Kölns erste moderne Kirche

Wie reizvoll dieser Kirchenbau von St. Engelbert ist, merkt man an den Schwierigkeiten, die es bereitet, seine Form zu beschreiben. Leute vom Fach versuchen es zum Beispiel folgendermaßen: »Die Grundform der Kirche wird durch parabelförmige, hohe Außenwände gebildet, die schildförmig gebogen eine Kreisform mit acht Segmenten bilden.« Das klingt interessant, aber eine bildliche Vorstellung will sich dabei nicht wirklich einstellen. Eher hilft da schon jener Spitzname, den die Kölner Bevölkerung dem befremdlichen Gebilde gab: die »Zitronenpresse«.

Schon in der Planungsphase 1930 erregte der Entwurf des Architekten Dominikus Böhm Aufsehen und Widerstand. Sein sogenanntes »Sternkuppel-Projekt« stieß beim Generalvikariat auf Skepsis, man bat ihn, »durch Milderung des Neuartigen dem Bauwerk das Befremdliche zu nehmen«. Böhm jedoch gelang es, das Gremium durch den Verweis auf mittelalterliche Vorbilder zu überzeugen, und so konnte die Kirche am 6. Juni 1932 eingeweiht werden.

St. Engelbert gilt nicht nur als erstes modernes Gotteshaus der Domstadt, sondern ist auch der Geburtsort eines Kölner Mythos. Hier nämlich verkündete Josef Kardinal Frings in seiner Predigt am 31. Dezember 1946: Unschuldig in Not geratene Menschen sollen das Recht haben, sich das zu nehmen, was zum Erhalt ihres Lebens und ihrer Gesundheit zwingend notwendig ist. Die vor allem auf den Klau von Kohlen gemünzte Anspielung generierte ein neues Wort. Fortan sprach man im Zusammenhang mit Mundraub vom »Fringsen«.

Heute ragt die auf hohem Sockel errichtete Kirche über den viel befahrenen Riehler Gürtel. Um die architektonische Einheit des Baus zu bewahren, konzipierte Böhm den Turm als Kampanile, das heißt als ein wenig abseits platzierten, frei stehenden Anbau. In seinem Untergeschoss beherbergt er die Taufkapelle des Ensembles.

Adresse Ecke Riehler Gürtel und Garthestraße | www.sankt-engelbert-und-sankt-bonifatius.de | **ÖPNV** Bahn 16, Haltestelle Kinderkrankenhaus; Bus 140, Haltestelle Riehler Gürtel | **Öffnungszeiten** Di–So 9–18 Uhr | **Tipp** Von der Moderne ins Mittelalter führt der Weg zu Alt St. Katharina im nördlichen Niehl (siehe auch Seite 136).

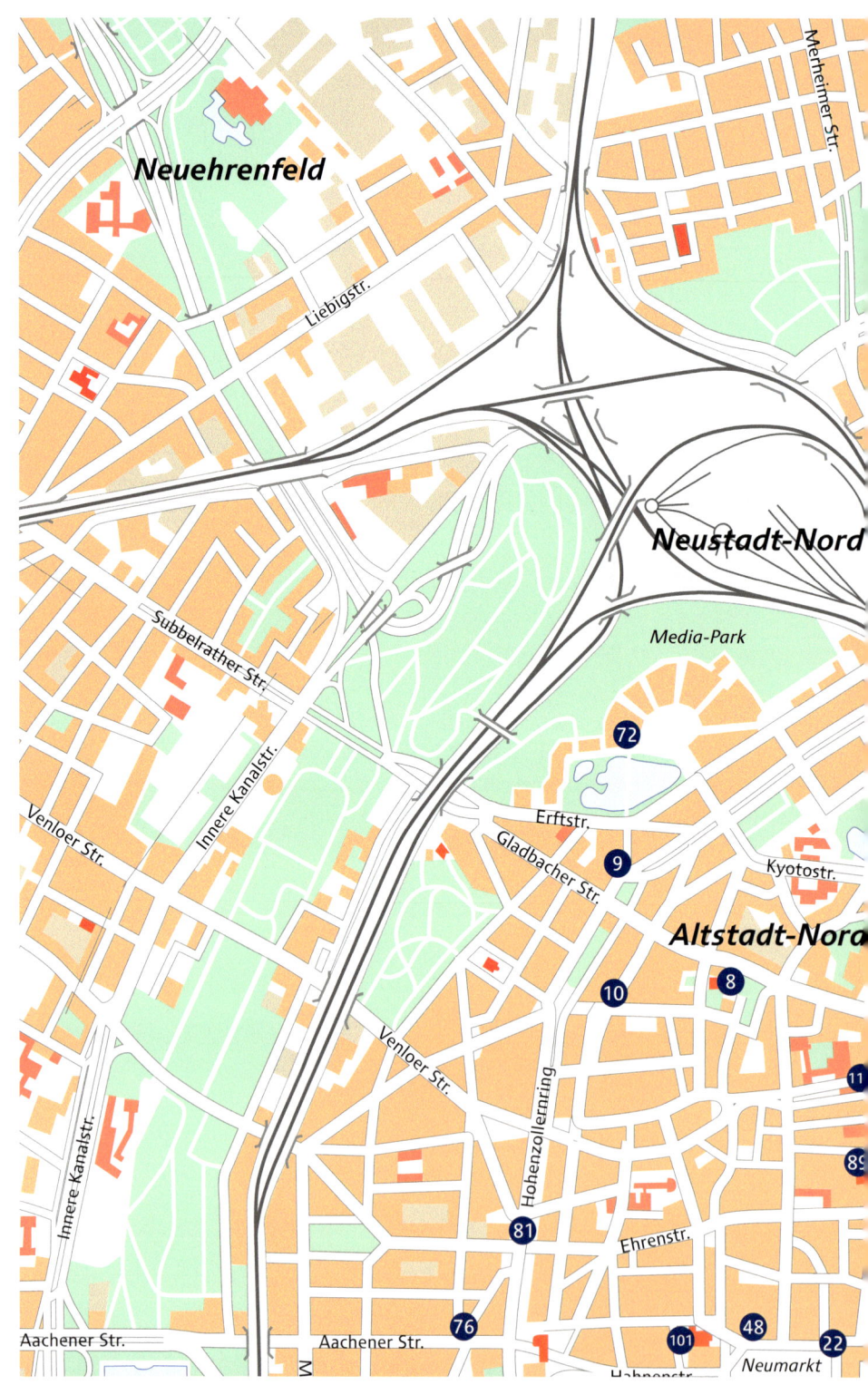

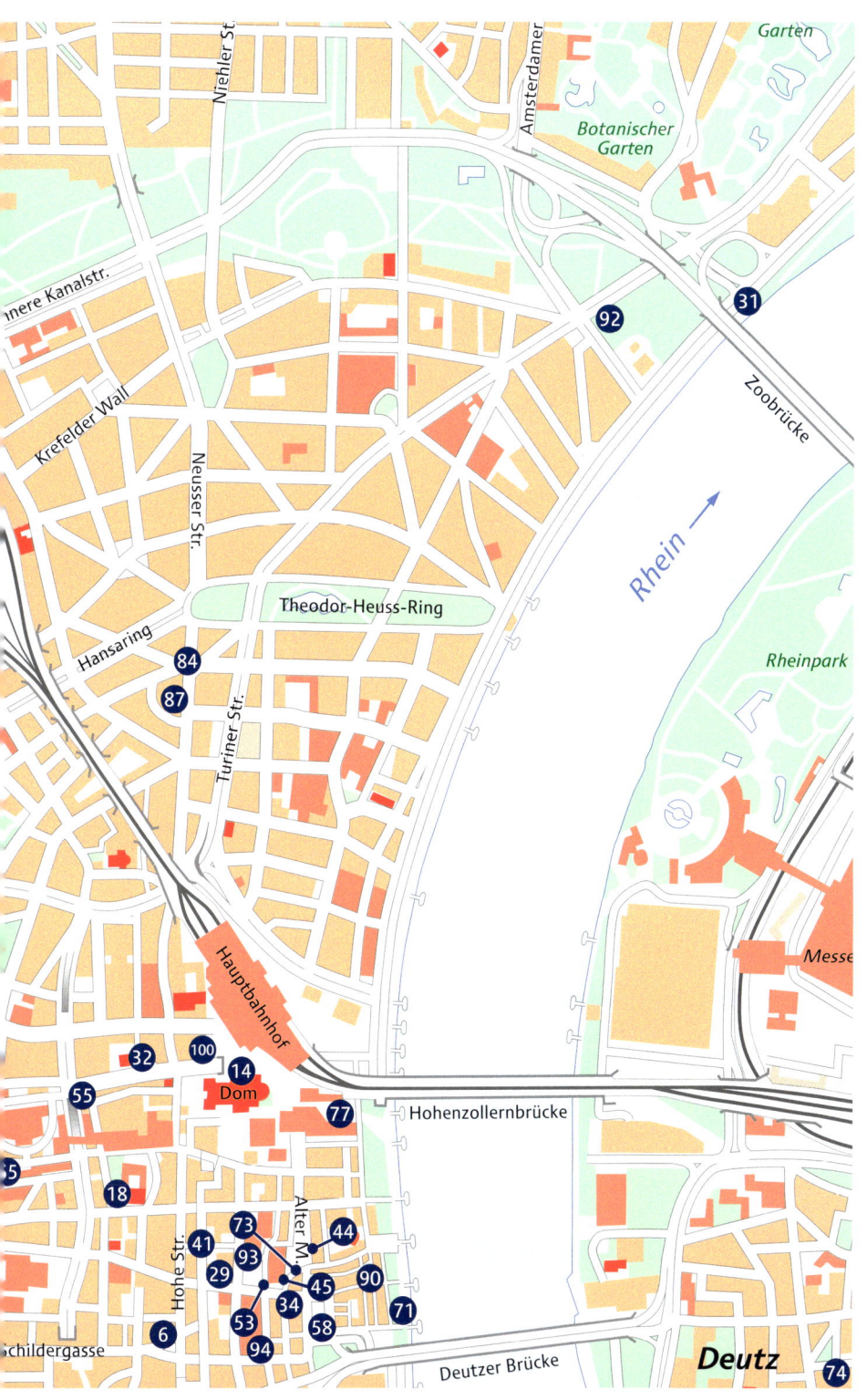

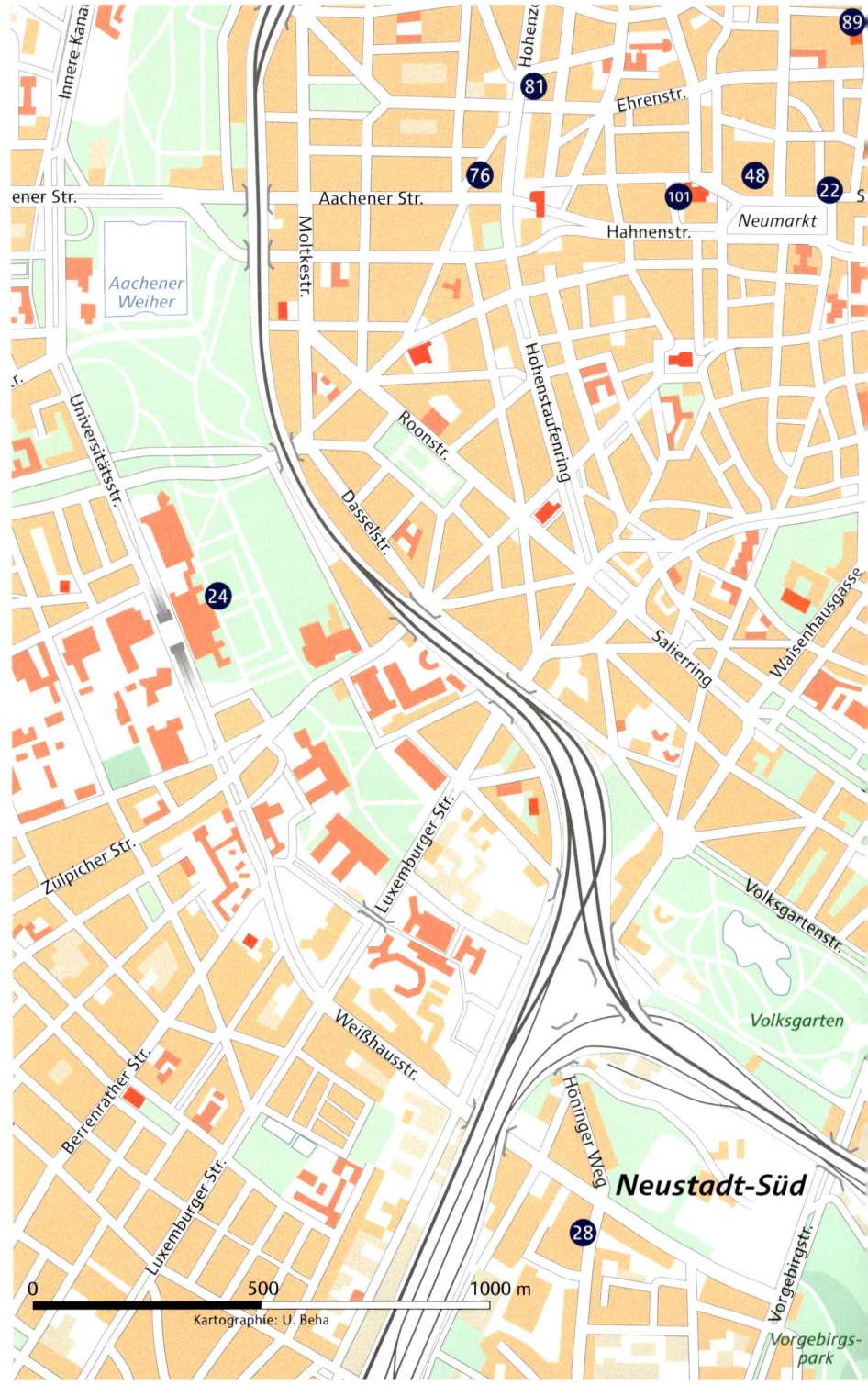

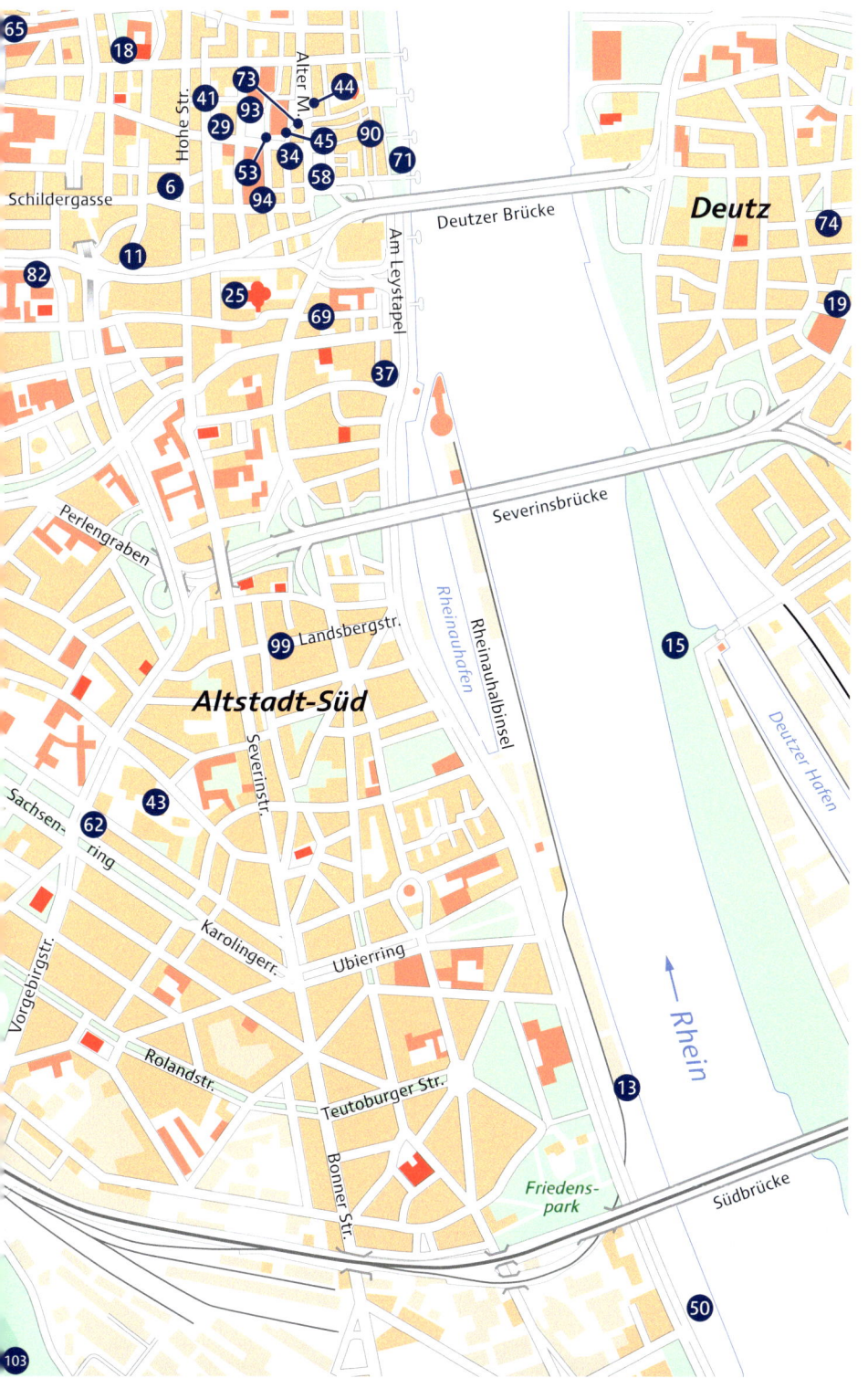

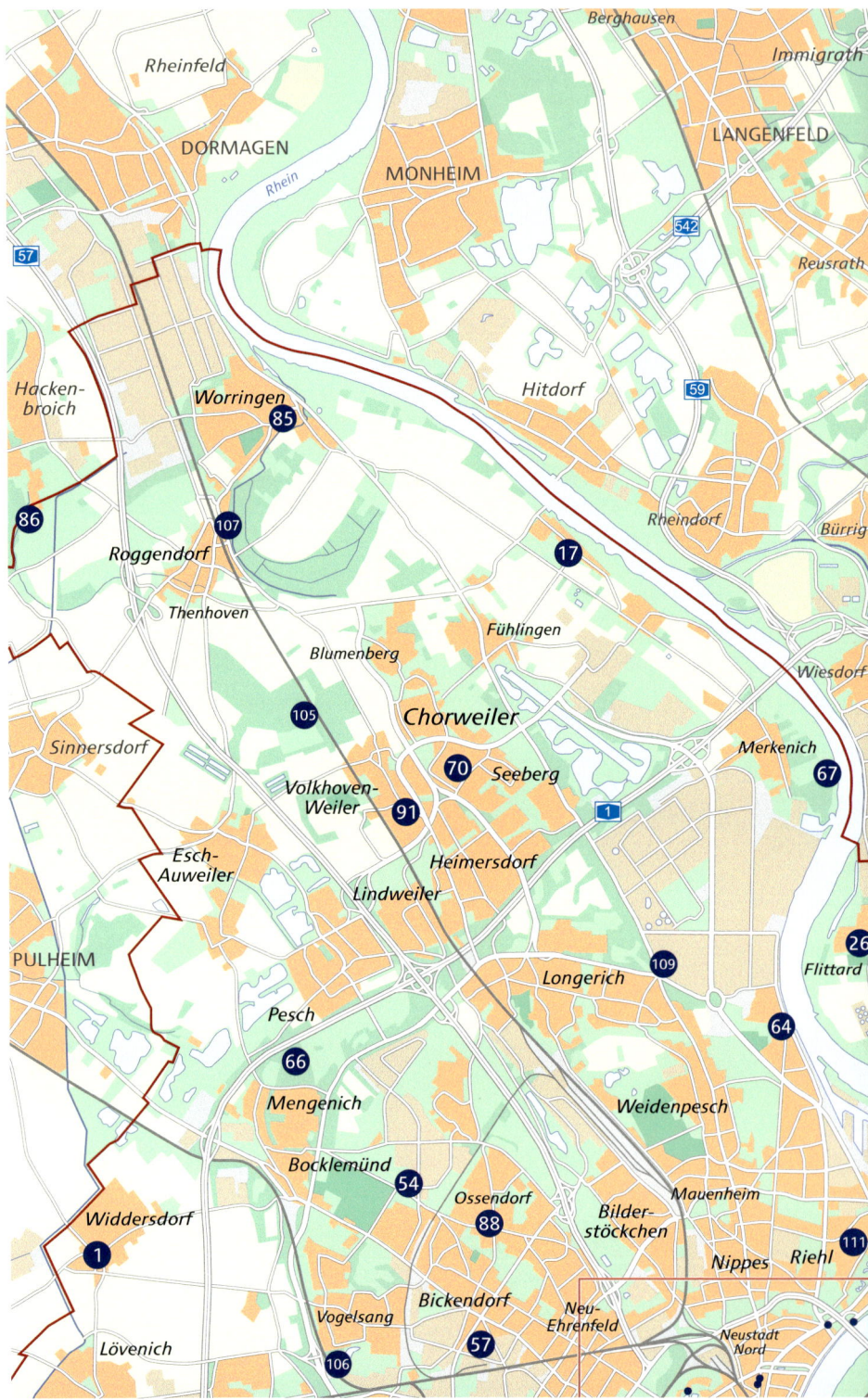

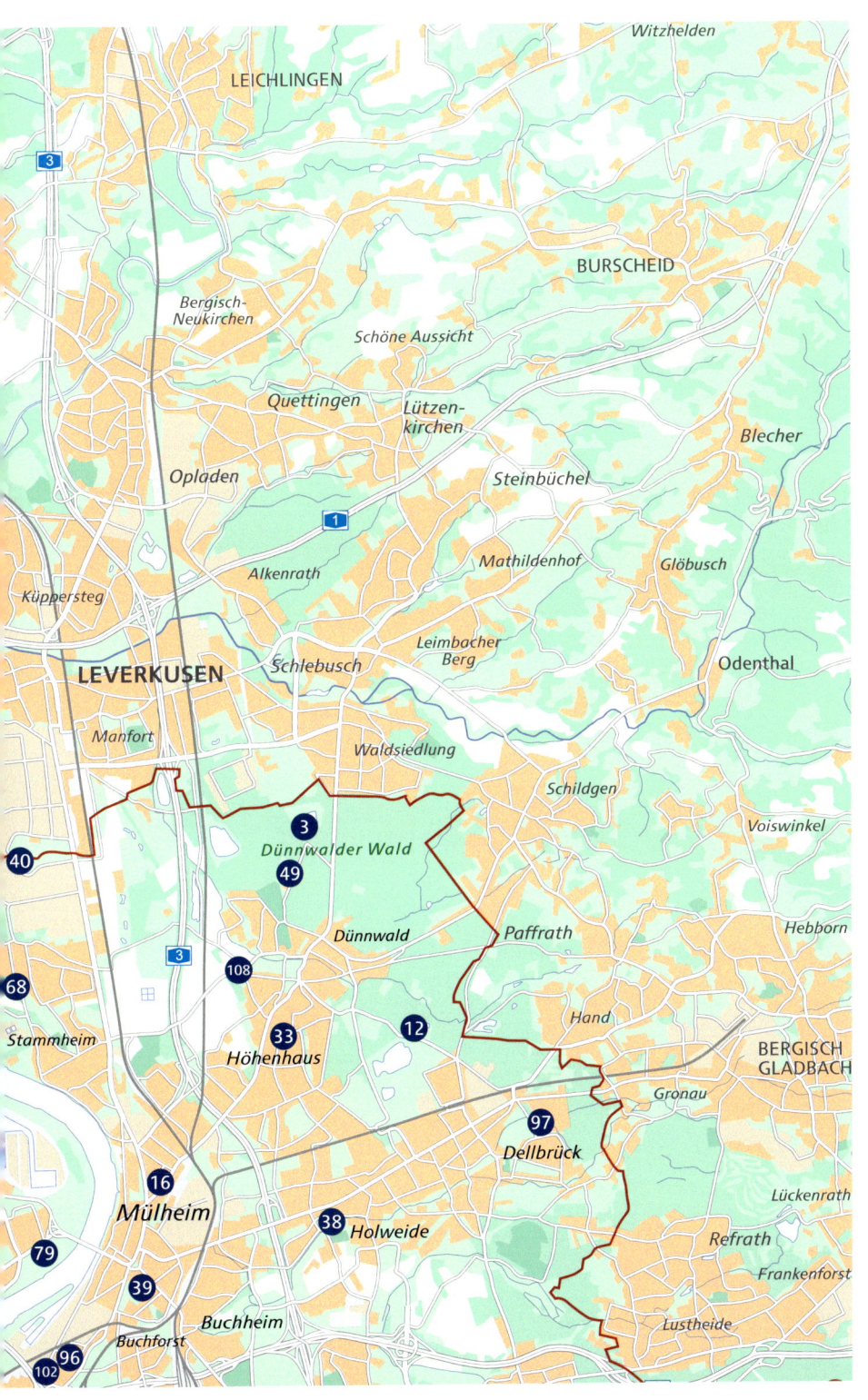

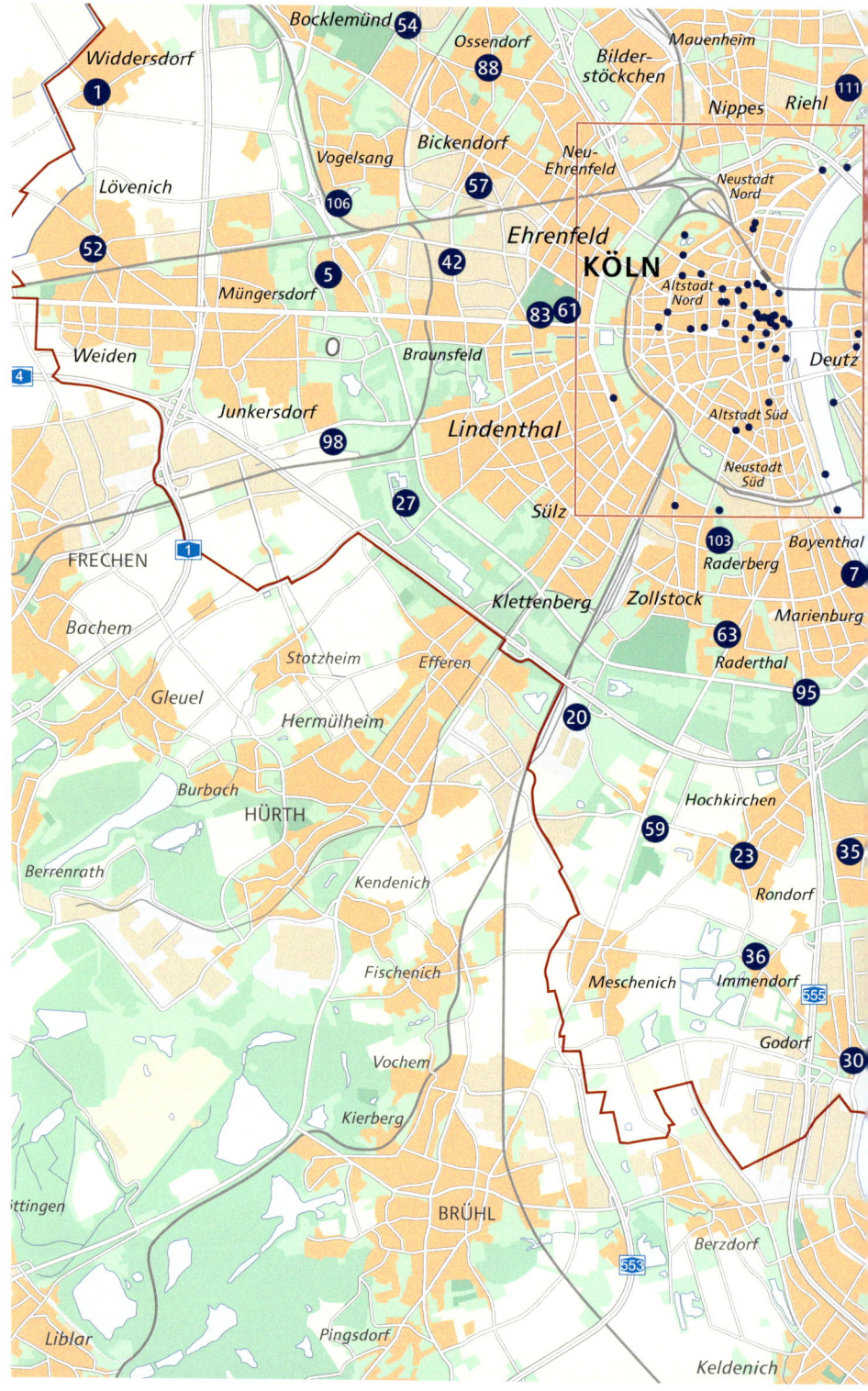

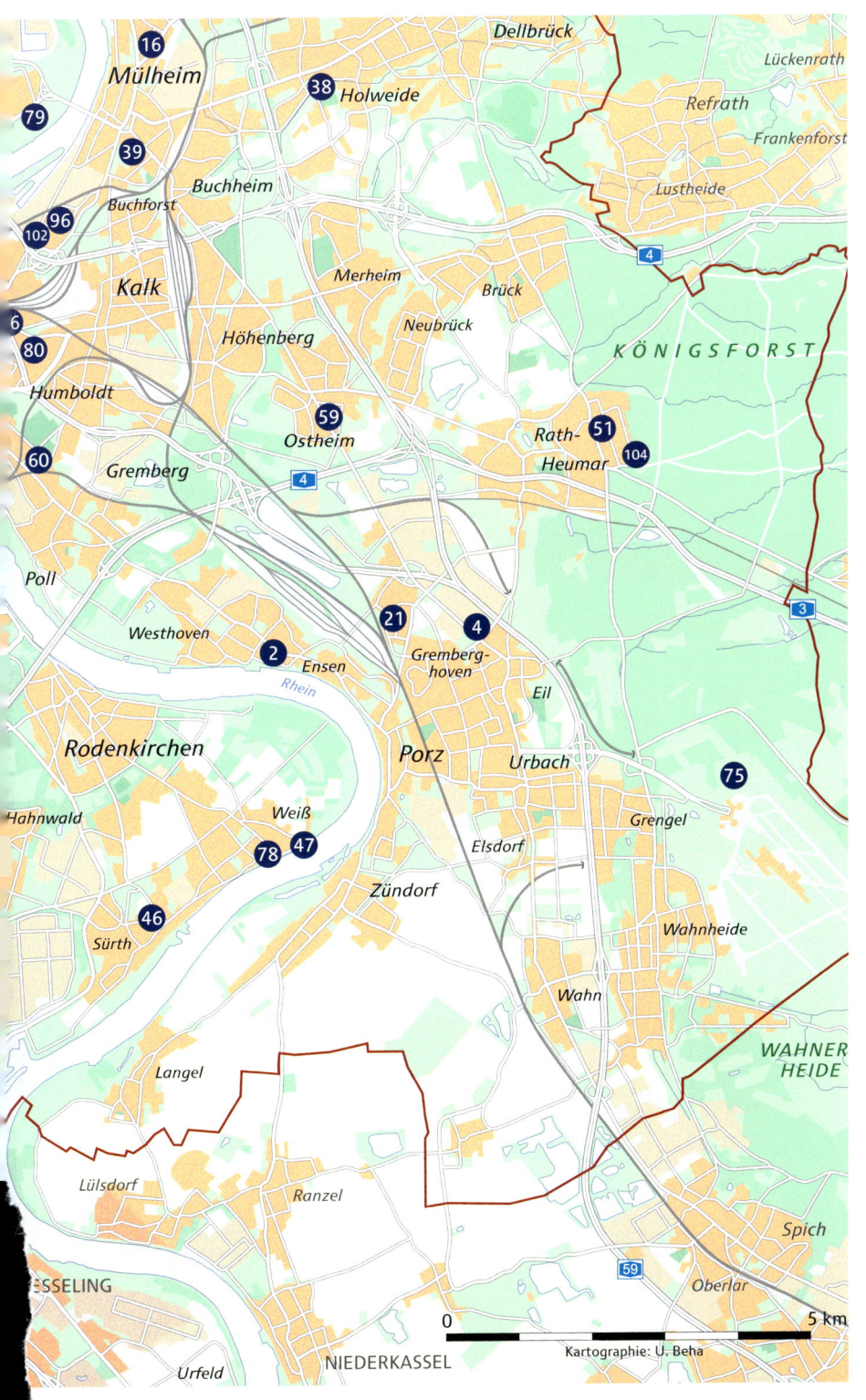

Bernd Imgrund
111 KÖLNER ORTE,
DIE MAN GESEHEN
HABEN MUSS
Mit Fotografien von Britta Schmitz
Broschur, 240 Seiten
ISBN 978-3-7408-0801-3

»*Das schönste Köln-Buch 2008.*« Prinz

Bernd Imgrund
111 ORTE IM KÖLNER
UMLAND, DIE MAN
GESEHEN HABEN MUSS
Mit Fotografien von Nina Osmers
Broschur, 240 Seiten
ISBN 978-3-89705-777-7

»*In unterhaltsamen, humorvollen Texten hat Imgrund viel Wissenswertes rund um die Geschichte dieser 111 Orte erzählt.*« Kölnische Rundschau

Bernd Imgrund
111 KÖLNER KNEIPEN,
DIE MAN KENNEN MUSS
Mit Fotografien von Thilo Schmülgen
Broschur, 240 Seiten
ISBN 978-3-7408-1753-4

»*Die kultigsten Kneipen von Köln*« Express

»*Die Auswahl an Kneipen ist so kunterbunt wie das kölsche Stadtleben selbst.*« Kölner Stadt-Anzeiger

Der Autor

Bernd Imgrund, geboren 1964 in Köln, arbeitet als Autor und Journalist. Er schrieb u. a. eine Kulturgeschichte des Skatspiels (»Das Skat-Lesebuch«) sowie den Reiseroman »Kein Bier vor Vier«. Im Emons Verlag erschienen u. a. die Führer »111 Orte in der Eifel, die man gesehen haben muss« (Band 1 und 2).

Die Fotografin

Britta Schmitz studierte Volkskunde und Romanistik, arbeitet in der Pressestelle im Emons Verlag und als Fotografin. Ihr Köln-Kalender im Hochformat erscheint seit 2011. Ihre Fotografien erschienen zudem in dem Bildband »Kölner Lieblingsorte«, in dem Führer »Melaten – Gräber erzählen Stadtgeschichte« und in weiteren Verlagspublikationen.
www.britta-schmitz.de